ちくま文庫

本好き女子のお悩み相談室

南陀楼綾繁

筑摩書房

はじめに

私たちが東京の谷中・根津・千駄木（通称「谷根千」）で「不忍ブックストリートの一箱古本市」をはじめたのは、二〇〇五年春のことです。

一箱古本市はひとつの箱に自分が選んだ本を詰めて販売する、いわば一日だけの「本屋さんごっこ」です。出店する店主さん、場所を提供してくれる大家さん、実行委員とその助っ人さん、そしてお客さん。みんなが本好きというイベントです。

その楽しさが伝わったようで、翌年から一箱古本市は各地に広がっていきました。いまでは、全国百カ所以上で開催されているはずですが、正確な数は把握できません。

私はこの十年ほど、各地の一箱古本市やブックイベントに足を運び、店主として箱を出し、トークやワークショップをしてきました。それらの場で、多くの「本好き女子」に出会ったのです。

　もちろん、本好きの女性は以前から存在します。しかし、二〇〇〇年代に入ってから、それまで男性客中心だった古本屋に女性の姿が見られるようになり、女性の店主も増えてきました（岡崎武志『女子の古本屋』ちくま文庫）。彼女らは、男性目線の価値観で動いてきた古書業界に「かわいい」という視点を持ち込みました。これは大きな発明でした。

　一箱古本市も、その影響を受けています。店主さんの男女比はだいたい半々ですが、私が見てきたかぎり、本のセレクトやお客さんの目を引くディスプレイ、本の勧めかたなどは、女性店主のほうが上手です。男性の私には思いもつかない発想に驚かされることもあります。なにより、彼女たちは全力で「本屋さんごっこ」を楽しんでいるのです。

　私は各地の一箱古本市で「南陀楼綾繁賞」を差し上げているのですが、その八割は女性店主の箱でした。女性をひいきしているわけでなく（そういう面もあるかもしれませんが……）、面白いと感じる箱を選んだら自然とそうなってしまうのです。

　彼女たちと出会って話すうちに、このひとたちが、子どものころからどんな本を読んでいまにいたったのかを聞いてみたいと思うようになりました。おそらく、男性の私とは異なる読書経験をしているはずです。彼女たちの読書歴を集めていったら、大げさに云えば、

「本好き女子の読書史」が描けるのではないか——。

そう思い立ってから、各地で面白そうな本好き女子に出会うたびに、話を聞きました。この二年間、私はいろんな町に出かけていますが、さすがに行けなかった地方もあります。だから、全県にわたってとはいきませんが、北は北海道から南は沖縄まで、三十五組・三十九人、十代から四十代までの本好き女子に話を聞くことができました。

そのうえで、彼女たちがいま悩んでいることに対して、私が三冊の本を「処方」してみました。個人的な話をしてくれたことへの、ささやかなお返しのつもりです。

ただ、お悩みに対してすぐに効くような本は、あまり選んでいないかもしれません。本というものは即効性ではないと思うからです。むしろ、「いまの彼女にはこんな本を読んでほしい」という直感を優先しています。

ぜんぶで百五冊を選ぶのはけっこう大変でしたが、私自身の読書歴を振り返る結果にもなりました。巻末に索引を掲載してあります。

本書には、世間的に有名な人は出てきません。名前を出して仕事をしている人は実名を載せていますが、大半は仮名です。彼女は、あなたの隣にいるかもしれません。

そんな彼女たちの話に「わたしもそうだった」「その感じ、よく判る」などと反応してもらえれば、著者としてはうれしいです。私がそうであるように、男性の読者にも共感できるエピソードも多いはずです。

「あなたに似た人」を見つけることで、あなた自身の読書歴を振り返るきっかけになってほしいですね。

目次

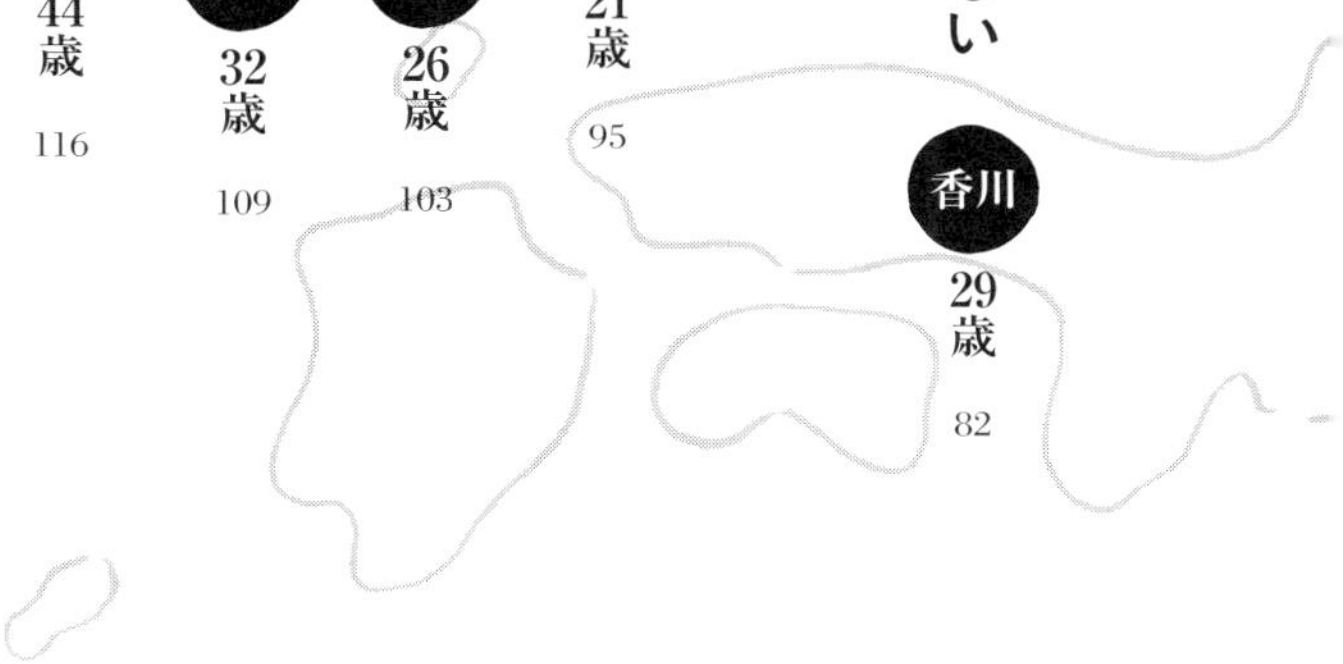

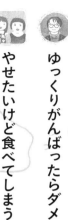

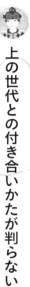

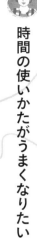

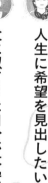

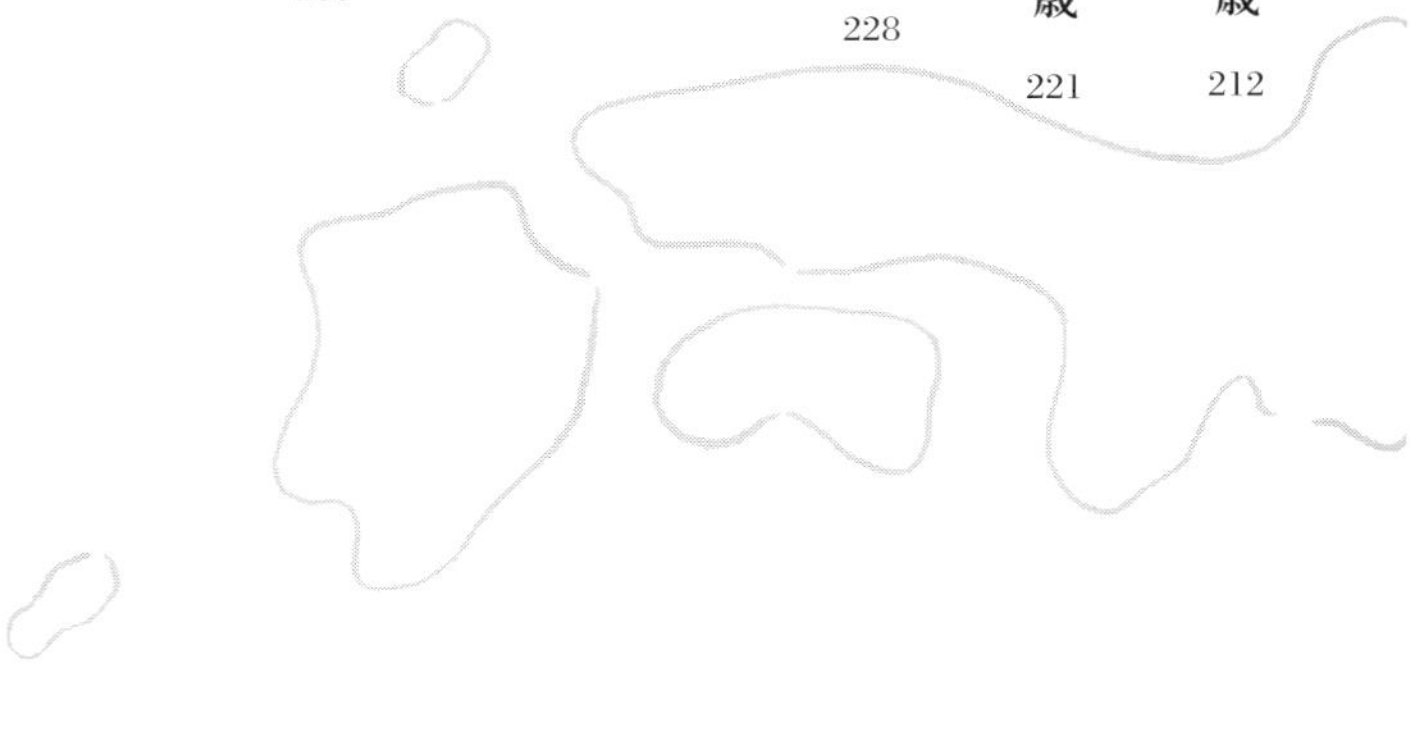

本好き女子のお悩み相談室

南陀楼綾繁

カバーと本文のイラスト
宇田川新聞

カバーデザインと本文のレイアウト
宇都宮三鈴

お悩み女子

円満に一人暮らしをはじめたい

ベランダ本棚さん（28歳　仮名　東京）

ベランダ本棚さんには、ほんわりとした雰囲気があります。二〇一五年五月の「不忍ブックストリートの一箱古本市」で、店主さんとしてデビュー。暮しや旅の本、絵本を中心に並べていて、気に入りました。店主としての告知文には、こうありました。

「晴れた夏の日には、ビニールプールに足をチャポンとつけながら。冬の寒い日には、ひだまりでぬくぬくと。大きくたって、小さくたって、そこはあなたのもうひとつのお部屋。ベランダでゆるりと、のんびりとめくってもらえるような、そんな本を揃えたいと思っています」

彼女は東京・多摩市で両親とともに暮らしています。いまの家は一昨年引っ越してきたもので、大きなベランダがあって、ご飯を食べたりハンモックで読書をしたりしているそう。だから、屋号もベランダ本棚なのです。以下、略してベランダさんの話を聞きましょう。

「父は宇宙関係のシステム・エンジニアで、その影響でわたしも理系に興味がありました。

大学院を経たあと、会社に入り、製造業のSEをしています。母は保育士で、わたしが小さなころから、毎晩絵本を読んでくれました。『ねえ、どれがいい？』（ジョン・バーニンガム）、『さむがりやのサンタ』（レイモンド・ブリッグズ）とかです。『ゆきのひ』（加古里子）は、絵が細かくて、見るたびに発見があって楽しかったです」

小学校では図書室に通って、おいしそうな料理やお菓子が出てくる『こまったさん』（寺村輝夫）シリーズや、『こそあどの森の物語』シリーズ（岡田淳）などを借りてました。その中で気に入ったものがあれば、本屋さんで買って手元に置いておく感じでしたね。講談社青い鳥文庫の『いちご』全五巻（倉橋燿子）はいまでも持っています」

中学、高校では部活や受験で忙しくて、本の記憶があまりないとベランダさんは云います。しかし、高校の図書室で手に取った、講談社ブルーバックスの『物理のアタマで考えよう！』（ジョー・ヘルマンス）がきっかけで、大学で理工学部に入っています。

好きな作家は、よしもとばなな。センター試験の問題で知って、ほとんどの作品を読んでいるそうです。「やさしい感じが好きです。スピリチュアルなところとかも。お風呂にゆっくり浸かって読むのに合っています」

本を読む場所といえば、通勤の時間も大事です。ベランダさんは毎朝の気分で、持っていく本を本棚から選びます。「電車の中で読み終わったらどうしようと、毎回二冊持っていくんです（笑）」。仕事はデジタル系ですが、電子書籍は読まないそう。「紙の本には、たしかにここにあるという安心感があるんです」と。

就職してからは、自分のお金で欲しかった本が買えるのが嬉しかった。一方で、物を増やしたくないという気持ちもありました。そんなときに知ったのが、一箱古本市でした。「もともと本を選ぶことが好きだったんですね。図書館や本屋さんで本を選ぶときには、そのときの自分が反映されるでしょう。だから、好きな本を並べて自分の世界が見せられる一箱古本市は、とても自分に合っていると思いました」。本好きのひとたちと話ができるのも楽しく、六月には西荻窪の一箱古本市、七月には宮城県石巻の一箱古本市に出店。順調に常連店主への道を歩んでいます。「たくさん売って本を減らそうと思ってたんですが、箱に並べたい本を新しく買ってしまうので、むしろ増えてしまいました（笑）」

そんなベランダ本棚さんのお悩みとは？

「うちは家族みんな仲がいいんですが、そろそろ一人暮らしをしたいと思っているんですね。

両親との関係を壊さずに、実家を出る方法を教えてください」

初回からいきなり難問ですね……。うまく答えられているか判りませんが、次の三冊を読んでみてはどうでしょう？

理想の実家の出かた、に合致する本ではないのですが、自分ならどうするかなと考えながら読んでみると、なにかしらのヒントになるのではないでしょうか？

今回処方する本

辻村深月『ゼロ、ハチ、ゼロ、ナナ』（講談社、二〇〇九／講談社文庫）

二人の「娘」が登場します。ライターのみずほは抑圧的な母親に反抗し、家を出ます。対照的に、その幼なじみのチエミは母や父と異常に仲がいいのです。それなのに、チエミは母を刺したという容疑で警察に追われることになります。それはどうしてなのか？二人の「母」のイメージが変わるラストが鮮やかです。

長嶋有「サイドカーに犬」(『猛スピードで母は』文藝春秋、二〇〇二／文春文庫)

母が出て行ったあとの家にやって来た洋子さんと暮らした短い日々のことを描いています。無頼な父も含め、およそ「普通」ではない関係が、なぜか心地よく感じられます。

有吉玉青『身がわり　母・有吉佐和子との日日』(新潮社、一九八九／新潮文庫)

ベストセラー作家である母との生活を回想したエッセイ。娘のことを気遣う母から離れて、海外に短期留学したとたん、母は急死してしまうのです。

いままでは受け身で閉じた生活だったけど、「消費するだけでなく、自分から発信していく活動をしていく、というのが、わたしの今年のテーマなんです」と、ベランダさんは云います。好きな本のことで、新しいこと、楽しいことをやってみたいという意欲にワクワクしている様子が伝わってきました。

お悩み女子

寮生活で一人になる時間がない

京都りょう子さん（19歳　仮名　京都）

「お久しぶりです！」。待ち合わせの書店で声をかけられて、別人かと思いました。小学生の頃から知っている顔が、ずいぶん大人びていたからです。今年春に京都の女子大学の法学部に入学し、東京の実家から離れて暮らしているためでしょうか。

彼女に会ったのは、七年ほど前。私たちが谷根千で開催している「不忍ブックストリートの一箱古本市」に、お母さんと二人の妹とともに参加していました。お母さんはその頃、近くの田端で〈石英書房〉という古本屋を営んでいました。はしゃいでいる妹たちをたしなめつつ、なにか本を読んでいた記憶があります。そのとき、彼女は小学六年生でした。

「育ったのは江戸川区です。自宅には母の本が多くありました。近くに住んでいた祖父（母の父）の家には、幅広いジャンルの本が並んでいて、それを眺めるのが好きでした」。

たしかに石英書房は、その祖父が提供したらしい江戸・東京に関する本や民俗学の本が充実していました。

そんな環境もあって、文字が読めるようになったのは早く、幼稚園で毎月、『こどものとも』を受け取るのが楽しみだったそうです。本好きになったのは、小学二年生のときの「すくすくスクール」（学童保育）。授業のあとの学校の教室で、いろんな学年の子どもたちと一緒に過ごしました。その教室の本棚に入っている本を手当たり次第に読んだそうです。

「そのとき読んだのが、講談社青い鳥文庫のはやみねかおる『亡霊は夜歩く』。ホラーかと思って読んだら、ミステリでした。『名探偵夢水清志郎事件ノート』シリーズの途中の巻だったのでさかのぼって全巻読み、あとがきで、はやみねさんが触れていた江戸川乱歩の『少年探偵団』シリーズを図書館で借りて読みました」

ちなみに彼女が読んだのは、文庫ではなく、ポプラ社の単行本。三十数年前、私が読んだのも同じバージョンです。表紙のイラストを見て、懐かしく感じる人は多いはずです。

ランドセルに一冊、机の引き出しに一冊、読みかけの本が入っているという小学時代を送ったりょう子さんは、中高でも本を読んで過ごしました。「小さいときからワクワクする本が好きでした」と云う彼女の好きなジャンルはミステリ。日本の作家が好きで、京都に来て初めて買ったのも、『私がデビューしたころ　ミステリ作家51人の始まり』だったそうです。

石英書房が田端の店舗を閉めた後、中学二年生のりょう子さんは「助っ人さん」として一箱古本市に関わるようになります。助っ人さんは、一箱古本市当日、箱が並ぶ場所にいてスタンプラリーのスタンプを押したり、地図を配布したりする役目で、毎年五十人以上が参加してくれます。りょう子さんはその中で間違いなく最年少でした。お母さんが参加できないときも、一人で来てくれています。

「助っ人になってよかったのは、「とにかく本が好き」という人たちと話すことができるところです。世代の違う方々と話すのは緊張しますが、周りに本を読む子が少ないので滅多にないチャンスだと思っています」

そんな京都りょう子さんのお悩みは?

「大学の寮に住んでいるんですが、三、四人の相部屋で本を買っても置く場所がありません。テレビは応接室にあるんですが、予約制です(笑)。そんな生活なので、一人になってゆっくり本を読む機会がないんですが、どうすればいいでしょうか?」

習慣も性格も違う人と一緒に生活するのは、たしかにしんどいですよね。私も上京したときにある学生寮を下見に行ったのですが、寮内のサークル活動に参加する義務があると知ってやめました。その後、集団生活は避けてきたので、りょう子さんの悩みには共感します。

そこで、次の三冊を紹介します。

今回処方する本

北尾トロ『中野さぼてん学生寮』（朝日新聞出版、二〇一二）

出てくる学生寮には、りょう子さんの寮とはちがい、男くささとバカバカしさが満載です。父親を亡くし、学生寮に入ることになった伊藤くんは、奇人コバジをはじめとする寮の住人や、外で会う人々から影響を受けます。彼が自分とそりの合わないものでも柔軟に受け入れていく様は、思い込みの激しい青年だった私にはうらやましいです。

バイト先のママに「世の中っておもしろいものよ、たぶん、伊藤君がいま思っているよりずっと」と云われて、伊藤くんは「どこまでブラブラできるか」を試すために、寮から出ていくのです。本書はライターの北尾トロさんの自伝的小説ですが、北尾さんはオンライン古書店を始めたり雑誌を創刊したりと、宣言通り「ブラブラ」しまくりの活動を続けています。

群ようこ『れんげ荘』（角川春樹事務所、二〇〇九／ハルキ文庫）

実家で暮らし、広告代理店で激務を続けてきたキョウコが、ボロアパートに住み、なにもしない生活を選択します。一人で暮らす彼女の、周りの人との距離の取りかたが見事です。続篇に『働かないの　れんげ荘物語』（ハルキ文庫）があります。

新津きよみ『同居人』（角川ホラー文庫、二〇〇三）

自分で買ったマンションであることを隠してルームメイトを募集した麻由美と、前の部屋でのトラウマを抱えている乃理子の同居生活を描くもの。はじめはうまく行っていた同居が、ドアの開閉という些細なことがきっかけで崩壊に向かいはじめます。

「こんな風にできたら」とか「こんな風にならなくてよかった」などと、我が身と比べながら読んでみると、少しは気持ちがラクになるのではないでしょうか。

つい人の顔色をうかがってしまう

山手バン子さん（26歳　仮名　東京）

最初に会ったのは、私たち不忍ブックストリートが企画するイベントに、彼女が自分の勤める出版社の本を売りに来ていたときでした。それがきっかけで、一箱古本市の助っ人さん（イベントを手伝うスタッフ）にもなってくれました。以前は営業部でしたが、最近、雑誌の編集部に移りました。念願の編集者になったことで、毎日が充実している様子です。

そんなバン子さんの読書遍歴は……。

「わたしは東京の都心に生まれました。小さい頃は『りぼん』が大好きでした。中学生になると、ビジュアル系バンドを聴くようになりました。好きなバンドでもお金がなくて毎回はチケットを買えないから、ライブハウスの外で漏れてくる音を聴いていました。そういう行為を「音漏れ」って言うんですよ（笑）」


それらのバンドのインタビューが載る音楽雑誌（『PATi・PATi』『SHOXX』『BACKSTAGE PASS』など）を読み、そこでミュージシャンが影響を受けたと語っていた、ガルシア＝マルケスの『エレンディラ』や星新一のショート・ショートを読むようになったそうです。高校では学校の図書室が居心地が良く、目につく本を借りて読みました。一方で、やおい系マンガにハマり、コミケにも通っていたそうです。

大学の英文科に入ると、同級生がみんなよく本を読んでいたので、読書に本気になります。卒論は児童文学・幻想文学作家のウォルター・デ・ラ・メア。「その頃はひねくれていて、人が知らない作家を取り上げたかったんです」とバン子さん。

本に関わる仕事に就きたいと考えて、大学卒業後、いまの出版社に入ります。仕事柄もあって、書店によく通い、本もよく買うそうです。半年前には電子書籍リーダーのＫｉｎｄｌｅを手に入れました。

「そこから読書生活が大きく変わりましたね。二日に一度ぐらい、いいなと思ったタイトルを買っています。マンガもこれで読みますよ。ページめくりとかは、すぐに慣れます。移動中にも読めるし、寝る前に読むのにも便利です。本棚に並べて、部屋の風景にしたいと思う本は、紙で買います。紙でも電子でも、「本」というコンテンツであることには変わりないので、使い分ければいいのかなと思います」

「無人島にＫｉｎｄｌｅではなく、本を持って行くとしたら？」という質問には、「折口信夫の『死者の書』のように、読むための時間もエネルギーもかかる本がいいですね」と答えます。

一箱古本市は大学のとき、付き合っていた同級生とデートで行ったそうです。その人からはポール・オースターや安部公房を勧められて読んだとのこと。「離れてしまいましたが、いまでもそのことは感謝しています」。就職してからは、ブクブク交換（テーマを決めて持ち寄った本を交換する）やビブリオバトルにも参加しています。

そんな山手バン子さんのお悩みは？

「人見知りというか、つい人の顔色をうかがってしまうところです。無駄に気を遣うから、人の頼り方が判らないんです。深く付き合ってきた親友はいないですし、歴代の恋人にも「付き合ってる気がしない」と云われ続けてきました。新しい恋人もできたことなので、いまその壁を乗り越えたいです！」

なるほど。明るくて人付き合いの良さそうな彼女ですが、そんな悩みを抱えていたとは。

聞いてみないと判らないものです。
次の三冊を読んでみてはどうでしょうか？

今回処方する本

中脇初枝『わたしをみつけて』（ポプラ社、二〇一三／ポプラ文庫）

坪田譲治文学賞を受賞し映画化もされた『きみはいい子』（ポプラ文庫）と同じ町が舞台です。主人公の弥生は捨て子で、児童養護施設で育ちます。そこでの彼女はつねに「いい子」として振る舞います。その奥には「いい子じゃなくても、わたしのことを捨てない？」という不安がありました。准看護師として病院で働いていても、彼女は「いい子でさえいれば、責められない」と、周りの人との距離を保って日々を過ごします。

そこに赴任してきた厳しいけど弥生のことを気遣ってくれる師長や、自分のことよりも人のことを心配する入院患者の菊地さんに接するうちに、彼女は「いい子」のふりをやめて、人を守ろうとします。

小谷野敦『悲望』（幻冬舎、二〇〇七／幻冬舎文庫）

一方、こちらは人との距離感が測れない悲喜劇を描いた私小説です。東大の大学院で英文学を学ぶ藤井は、同じ科にいる響子が好きになり、近づこうとします。何度も断られているのに、自分に都合よく解釈し、ついには彼女が留学しているカナダに、自らも留学します。自分に対する彼女の何気ない言動を「無防備な発言」「大きな励まし」と受け取って、よりヤバい行動へと走る藤井は、女性にとっては恐怖でしかないでしょうが、もてない男の一人としては「共演女優に六年間アプローチし続けた俳優とやってることはそんなに変わらない」と擁護もしたくなります。もっとも、「懸命にまじめに生きようとしているのに、それが他人にはこわばりと見えて、愛されないのだ」と自分から云ったらマズイでしょう。そんなイタさとユーモアが同居する小説です。

司馬遼太郎『ひとびとの跫音《あしおと》』（中央公論社、一九八一／中公文庫）

正岡子規の養子の正岡忠三郎と、タカジこと西山隆二（詩人のぬやま・ひろし）の生きかたを描いています。「自己を表立たせることが極端にきらいだった」忠三郎は、「ただ存在しているだけでまわりのひとびとになにごとかを感じさせるような人柄をもっていた」と司馬遼太郎は書いています。歴史上の偉人を多く描いた司馬が、この作品で何事もなさなかったかにみえる忠三郎やタカジにそそぐやさしい視線が、私はとても好きなのです。

「人見知りの自分」も、自分の属性のひとつです。いまの恋人が、そんなあなたを見守ってくれるひとであるといいと思います。

もっと時間がほしい

盛岡と子さん（12歳　仮名　岩手）

毎年五月、盛岡市で開催されるブックイベント「モリブロ」では、一箱古本市をはじめ、さまざまな本に関する企画が行なわれます。そのひとつが、〈Cyg《シグ》 art gallery〉で開催される「アートブックターミナル東北」です。東北で制作発行されるZINE《ジン》（個人による印刷物）が百点近く並ぶ様は壮観です。

昨年（二〇一四年）、そこで見つけたのが、小学生のTOKOちゃん作の『定規なし何分で書けるスケッチ』という冊子。パソコンでつくられ、写真やイラストの入ったカラーのZINEに対して、手書きでコピーを綴じただけのシンプルなもの。でも、それがとてもインパクトがありました。内容は、各ページに載っている「ニコニコしてるのり」や「シンプルなインク」や「まるっこいペン」の絵を描くのに何分何秒かかったかを計測するもので、なんでわざわざそんなコトするの？　と思いつつ、笑ってしまいました。

この冊子、目次や「はじめに」「おわりに」が入っていて、妙に雑誌っぽい体裁です。

レジで買うときに、「この子、『てくり』をつくっている女性のお子さんですよ」と教えてもらって納得。『てくり』は盛岡のふだんの生活を伝える雑誌で、「モリブロ」の主催者でもあります。そういえば、何年か前のこのイベントの打ち上げで、飲んでいる大人たちの横で、静かにマンガを読んでいる女の子がいたなあ。あれがＴＯＫＯちゃんだったのか。

そういうわけで、今回はＴＯＫＯちゃんこと盛岡と子さんに話を聴きました。なんと二〇〇二年生まれで、私の三十五歳下。あまりに世代が違いすぎて、困りました。最初はもじもじしていたと子さんも、本の話をしていると次第に打ち解けてくれてニコニコ笑って話してくれました。

「覚えている最初の本は、『さくらのさくひ』（矢崎節夫・作、福原ゆきお・絵）です。枯れそうになった桜の木のために、モグラが水をすくってきてかけるんです。『しろくまちゃんのほっとけーき』（わかやまけん）も、おいしそうで好きだった」

小学生のとき、学童保育の部屋にあった古いマンガを読むようになります。その後、母の持っている『ベルサイユのばら』や萩尾望都、玖保キリコの単行本を読んだそうです。おこづかいで初めて買ったのは、『ちゃお』で連載していた『さくらかんづめ』（森田ゆき）。

家中が本だらけの環境で育ち、四つ上の兄とともに、「どこに行きたい？」と訊くと「本屋」と答える兄妹だったと、同席していたお母さんは苦笑します。

いまは月に五十冊ぐらい読むと子さん。そのうち二十冊ぐらいが小説だそうです。クラスの友達にも本好きはけっこういて、本の貸し借りもします。最近周りで流行ったのは、『カゲロウデイズ』（じん（自然の敵P））で、ボーカロイドの曲から派生した作品らしいです。この辺になると、おじさんはさっぱり判りません。

小学五年から、〈Cygart gallery〉の隣にある子どもの美術の場である〈prop〉に通い、モノをつくったり絵を描いたりしています。先の『定規なし何分で書けるスケッチ』もそこでつくったもの。二〇一五年の「アートブックターミナル東北」で発表した新作『ひとりシリーズ』は、手が描かれたデッサン集ですが、読む人の手が加わることで、たとえば『E.T.』のあのシーンが完成します。奇抜でいて、ハートウォーミングな発想がステキです。

いまは、中学で入った剣道部に一生懸命。「練習のあと、家に帰ってすぐ宿題をやりたくないから、本を読む時間が増えました（笑）」。将来の夢は、ずっと保育士だったけど、いまは悩み中。忙しさも悩みも、どこかキラキラと輝いて見える十二歳なのでした。

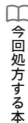

そんな盛岡と子さんのお悩みは？

「学校の授業や剣道部、それに塾や〈さんさ踊り〉（盛岡の伝統的な踊り）の練習で毎日忙しいんです。朝、お弁当もつくってるし」（お母さんから「それはおこづかいのためでしょ」とツッコミあり）。ともかく「やることが多くて、もっと時間がほしいんです」

今回処方する本

誉田哲也『武士道シックスティーン』（文藝春秋、二〇〇七／文春文庫）

直接の解決になるかは判りませんが、剣道に熱中していると子さんには、ぜひ勧めたいです。子どもの頃から道場に通い、剣の道ひとすじに進んできた香織と、日本舞踊を諦めてはじめた剣道が、ぐんぐん上手くなっていった早苗の、好敵手にして親友の関係を描くもの。成海璃子と北乃きいの主演で映画化もされていますね。その後、『武士道セブンティーン』『武士道エイティーン』（ともに文春文庫）で、読者は成長していく二人を見守ることになります。続く『武士道ジェネレーション』（文藝春秋）では大人になった二人に出会えます。

二人はすべての時間を剣道に注ぎ込んでいて、あまり勉強している様子は見えませんね。もっとも、その剣道のおかげで推薦入学できるんですが。

本作で、勝負について早苗のお父さんが云う言葉が印象的です。

「それが好きだっていう気持ちを、自分の中に確かめるんだよ。その好きだって気持ちと、勝負の不安を天秤にかけるんだ。（略）でも、好きだって気持ちの方が重たかったら……そのときはもう、やるしかないんだよ。負けたっていい。失敗したっていい。やるしかないんだ。だって、好きなんだから」

筒井康隆『時をかける少女』（鶴書房盛光社（ジュニアSFシリーズ）、一九六七／角川文庫）

「あのときの失敗を取り戻すことができたらなあ」と思ったときには、本書をどうぞ。

中学生の芳山和子は、ラベンダーの香りを感じたときから、タイム・リープ（時間跳躍）によって、時間を遡る能力を身に着けたのです。タイムトラベルSFの古典にして、NHKでのドラマ化以来、何度となく映画化、アニメ化を繰り返されてきた名作です。

北村薫『ターン』（新潮社、一九九七／新潮文庫）。

一方、主人公が時間という檻に閉じ込められてしまうのが本書。自分一人だけが時間の流れから取り残されて、同じ日の同じ時刻に「くるりん」と戻ってきてしまいます。まったく同じ時間が繰り返されることへの恐怖と、それに耐える主人公の姿。そこに救いの手が差し伸べられます。恒川光太郎『秋の牢獄』（角川ホラー文庫）も同じ趣向ですが、読後感はまったく違っています。

忙しくても、何もしなくても、時間は平等に流れます。と子さんが、「いま」しかできないことに、ときには時間を忘れて熱中してくれればいいな、と思います。

お悩み女子

便利さに振り回されたくない

ひな菊姉妹（仮名　東京）

ひとが何かにハマっていく様子を見るのは、微笑ましいものです。それが、自分と同じ趣味ならなおさらで「わが門にようこそ！」と手を広げたくなります。

二〇一五年春の「不忍ブックストリートの一箱古本市」で、〈ひな菊の古本〉の屋号で店主さんとしてデビューした女性もそのひとりです。谷中・根津・千駄木という地域に惹かれ引っ越し、その町で行なわれる一箱古本市に参加したのがきっかけです。すっかり楽しくなって、東京の他の地域で開催されている一箱古本市にも参加するようになります。八月には根津の古本屋〈タナカホンヤ〉の一角を借りて、なぜか、かき氷屋を期間限定で開きます。九月には横浜の六角橋商店街で夜に行なわれる一箱古本市に出店。そのまま、その通りでの野宿イベントで一夜を過ごし、翌朝別の場所の古本市に出店しました。その三日後にも出店……という、まさに病膏肓《やまいこうこう》の古本市ライフを驀進中なのです。

面白いことに、彼女の妹も、姉が一箱古本市に参加するのを手伝っています。ひな菊姉

（35歳）とひな菊妹（31歳）に一緒にお話を聴きました。

二人が生まれたのは横浜市。両親ともに本好きで、父が編集者ということもあり、家じゅうに本が溢れていたそうです。「トイレの中に誰のものか判らない本が置いてあったりします（笑）。面白そうだと思ったら、手に取ってみる感じでした」と、ひな菊妹は云います。母は図書館を「いつまでもいられる幸せな場所」と呼び、寝るときはよく絵本を読んでくれました。

ひな菊姉の記憶にある最初の本は、『はじめてのおるすばん』（しみずみちを・作、山本まつ子・絵）で、祖母に買ってもらいました。のちに古本屋めぐりをするようになって、昔読んだことを思い出し買い直したそうです。

中高時代は部活や受験勉強で本から離れていましたが、大学に入ってから村上春樹や江國香織を読むようになり、卒業後によしもとばななに出会います。過去のよしもと作品も遡って読み、新作が出ればかならず買って読んでいます。「いろんなことで落ち込んでいるときに読んで、気分が楽になりました。妹もばななさんが好きなので、一箱古本市の屋号は『ひな菊の人生』からいただきました」と、ひな菊姉。

この数年は角田光代、西加奈子、中村文則らを愛読しています。最近面白かったのは色川武大の『うらおもて人生録』。「アウトローな人に惹かれるところがあるかもしれません」

一方、ひな菊妹はいろんな本に手を出して、読みかけのまま放置していることも多いそうです。「買うと満足しちゃうんですよね（笑）。本よりも本のある空間じたいが好きなのかも。並んでいる本のタイトルを見ていると、その先に何があるのか判らなくてワクワクします」。最近は本に限らず、なんとなくアヤシイ、シュールなものが好きとのこと。古本屋や書店のトークイベントに行くようになって、一箱古本市にも出店。「本の世界に向かって突き進んでいるようで、運命を感じています」と目を輝かす姉を、後ろからもっとやれと焚きつける妹。性格は異なりますが、互いに本を貸し借りし、昔よりも仲が良い関係だとか。

近々ついに妹までが谷根千に引っ越してくるという、ひな菊姉妹の今後が興味深いです。

そんなひな菊姉妹のお悩みは？　一人ずつにお悩みを質問しました。

姉は「携帯やSNSなどに寄りかからない生活をしたい」と願い、妹は「世の中の動きが

速くなりすぎている気がします」と憂います。なるほど、つまり「便利さに振り回されたくないんです」ということでしょうか。

たしかに、いまはインターネットをはじめ便利なツールが身近になっていますが、それが私たちに幸せをもたらした、とは云い切れない気がします。

今回処方する本

ヘレーン・ハンフ編著、江藤淳訳『チャリング・クロス街84番地　書物を愛する人のための本』（講談社、一九七二／中公文庫）

アメリカ在住の女性が、ロンドンの古書店に勤務する男性らと交わした書簡をまとめたものです。一九四九年から約二十年にわたって、彼女は本を注文し、彼はそれを手に入れて発送します。たんなるビジネス上の関係を超えて、二人は書物の素晴らしさを語り合い、贈り物を交換します。感情豊かな独身のアメリカ女性を、古書店員は英国流のユーモアで包みこむのです。

重要なのは、二人は時間と空間によって隔てられていたということです。手紙の返事がないことにイライラし、やっと届いた本に驚喜する。メールのような即時性がない分、思いはより深いものになるのではないでしょうか。

二人の書簡が終るまで、彼女はロンドンを訪れることはありません。

「でも、どうかしら、たぶん行っても行かなくても同じことだという気がします。（略）今私がすわっている敷物のまわりをながめると、一つだけ確実なことが言えます。イギリス文学はここにあるのです」

じつは、本書には続篇（『続・チャリング・クロス街84番地　憧れのロンドンを巡る旅』雄山閣）もあるのですが、正篇の訳者、江藤淳が云うように「もとのままが最良」だという気がします。

広瀬正『マイナス・ゼロ』（河出書房新社、一九七〇／集英社文庫）

タイムマシンものの古典にして傑作。一九六三年（昭和三十八）から一九三二年（昭和七）にタイムトラベルした浜田俊夫は、自分が生まれた頃の東京に生きることになります。俊夫が足を踏み入れたその時代の銀座は音と光と人に溢れ、輝いています。この場面には、たんに作者のノスタルジーだと片づけられない、失われてしまったものへの哀しみが感じられます。

岡嶋二人『クラインの壺』（新潮社、一九八九／新潮文庫）

いまでこそ普通に使われている「ヴァーチャル・リアリティ」の概念を、いち早くミステリに取りこんだ作品です。主人公が感覚をシミュレートする実験を進めるうちに、いま自分が立っている場所の「確かさ」がグラグラと揺れていきます。便利さの行きつく先が、ここではありませんように。

ここまで書いて、ふとフェイスブックを覗いたら、東北の人と四国の人がほぼ同じ時間に、自分の見た夕日の写真を載せていました。たんなる偶然ですが、時間と空間がつながっているということに、なんだか安心しました。便利さに励まされるということもあるんですね。

他人に影響を受けすぎる

島乃ゆきこさん（24歳　仮名　香川）

うどんの国からオリーブの島へ。高松港からフェリーで一時間ほど乗って、小豆島の土《との》庄《しょう》港に入りました。『二十四の瞳』で知られるこの島の名産がオリーブなのです。土庄の中心部は、南北朝時代、攻撃に備えるために迷路のように細い道が張りめぐらされていて、しばらく歩くと自分がどこにいるか判らなくなります。

その中に〈迷路のまちの本屋さん〉があります。〈MeiPAM（メイパム）〉というギャラリーの前にあるカフェの一角に、ちいさな棚があり、そこに新刊や古本が並んでいます。書店が少ない島では久しぶりにできた、本に出会える場所なのです。

そこで会ったのが、島乃ゆきこさん。迷路のまちの本屋さんの「店長」と呼ばれています。一箱古本市や、島に住む本好きの人に選んでもらった本を並べる「うちんくの本棚」を企画したりと頑張っています。

彼女はこの島の出身ではなく、愛媛県宇和島市の近くの村で育ちました。母は、自分が好きな作家の本や気になった本を、毎晩ゆきこさんに読み聞かせてくれました。とくに『おふろだいすき』（松岡享子・作、林明子・絵）や『はじめてのおつかい』（筒井頼子・作、林明子・絵）は、何度も読んでもらい、絵を描いた林明子さんというお名前もここで覚えたそうです。母はマンガも好きで、くらもちふさこから若い世代の作品まで読んでいました。自分で本を読めるようになってからは、母が選んでくれた本の中でも、瀬尾まいこや森絵都など、気に入った作家の本をリクエストして買ってもらうようになりました。「タイトルも作者も忘れましたが、整形した女の話を「ゆきこに読んでほしいから」と渡されたことがあります。どういうつもりだったんでしょうか？（笑）」

近くに書店はありませんでした。小学校で新刊リストを渡されて、欲しい本をチェックして提出すると、しばらくして本が届くという制度があったそうです。そういえば、私も小学生のとき、学研の学習雑誌を学校で受け取っていましたね。公立図書館もなくて学校の図書室に通ったそうです。

高校は宇和島市まで一時間かけて通いました。一緒に帰る父との待ち合わせ場所が書店で、この頃から自分で本を選ぶようになります。好きなバンドのボーカルに影響を受け、彼がブログで書いた宮沢賢治、寺山修司、岡崎京子などを読むようになり、福岡の大学の文学部に進んでからは、友人の影響で純文学や、短歌、エッセイなど、それまで縁のなかったジャンルの作品も読むようになります。

「大学生の頃、とくに好きだったのが川上弘美さんです。おだやかな日常を描いているようで、一枚皮をめくるとドロドロしたものがあるところがいいです。ずっと鈍いパンチをされているような感覚が肌に合っているのか、不思議と落ち着くんです」。そして川上弘美が影響を受けた内田百閒や須賀敦子を読んでいきます。

大学三年生のとき、三年に一度開催される「瀬戸内国際芸術祭」の「こえび隊」（ボランティアサポーター）に志願し、高松に引っ越しました。そして、芸術祭で知り合った人たちに声をかけられて、迷路のまちの本屋さんに関わるようになったのです。

いまは高松の新刊書店でアルバイトしながら、週一回、小豆島に通っています。「わたしは本が好きというよりも、本屋さんが好きなんだと思います。本のある場所で、本をきっかけにして、人やものが出会う仕掛けをつくりたい」とゆきこさんは云います。

そんな島乃ゆきこさんのお悩みは？

「自分に自信が持てなくて、他人に影響を受けすぎるんです」

人の云うことやすることに憧れすぎるそうです。なるほど、ここまでの話にも、ややそういう傾向が見えますね。

今回は「自意識」を扱った、女性作家の三冊を紹介します。

今回処方する本

柚木麻子『ナイルパーチの女子会』（文藝春秋、二〇一五）

山本周五郎賞を受賞した本作は、仕事も容姿も完璧をめざす栄利子と、ブログで自然体の生活を綴る翔子との愛憎劇です。好きになった人に「自分を理解してほしい！」という切実な思いが、ねじれた行動につながってしまうのです。

「矛盾しているが、苦手だからこそ、嫌悪するからこそ、同じ醜さを持っているに違いないからこそ、自分には同性が必要なのだ」と翔子は云います。異なる世界の住人だったはずの二人が、合わせ鏡のように似てきてしまうのが、不気味であり哀しくもあります。

本谷有希子『ぬるい毒』（新潮社、二〇一一／新潮文庫）

自意識の虜になった人の描写がずば抜けている作家が本谷有希子です。本作は主人公の女性が突然現れた男に翻弄されまくります。「なぜここまで狂おしく他人のことを考え続けているのか」。彼の云うがままに流されているように見えながら、彼女の眼には自分しか映っていないようでもあります。

西加奈子『ふくわらい』（朝日新聞出版、二〇一二／朝日文庫）

成木戸定は、特異な育ち方をして、他人との接し方が判らないままでいます。「あんたは、まっすぐだから。全部、真正面から、見て、それから、全部、受け止めるから」と評される彼女は、そのまっすぐなまま、人と出会い、少しずつ変わっていきます。彼女が、他人の言葉を本というかたちあるものにする編集者という仕事を選んだことに、私は感銘を受けました。

若いうちは、友だちや先輩と比べて自分はどうなのか、が気になるものです。そういった自意識は自分のやるべきことが見つかったときに解消する……わけではなく、いくつになっても、このやっかいなものと付き合っていかねばなりません。でも不思議なもので、歳を重ねると、他人から影響を受けたからこそいまの自分があるのだと思えてきます。そのとき、与えられたものは、自分でつかみとったものになっているのかもしれません。

無心に本を読みたい

祭田よしこさん（32歳　仮名　東京）

江戸っ子と云えば神田っ子。祭田よしこさんは神田駅前に実家があり、現在もそこで暮らしています。江戸三大祭のひとつに数えられる神田祭にはかならず参加し、今年（二〇一五年）もはっぴ姿をＳＮＳで披露していました。

彼女と会ったのは、私たちが主催する「不忍ブックストリートの一箱古本市」でした。谷根千に路上で古本を販売するイベントが定着することで、さまざまな関連企画が生まれました。若い人たちが、地元の飲食店をおみくじ形式で紹介する「谷根千おしょくじ」もそのひとつで、よしこさんはそこから生まれたリトルプレスの編集を担当していました。

よしこさんはちょっとばかりヤンキーが入っていて、古本女子にはあまりいないタイプ。話してみるとさっぱりして面白いです。ファッションにうとい私は、春と秋に彼女と一緒に上野のアメ横に行って、買う服を指南してもらっています。

「祖父の代から神田に実家があり、神田祭には子ども神輿《みこし》から参加しています。今年は宮入りの際に先棒《はなぼう》（花棒とも書く。担ぎ棒の一番先のこと）についたのが自慢です」

父は時代小説や刑事ものが大好きで、家族でサスペンスドラマを観るのが日課でした。母は友だちと出かけるときには、お土産によしこさんに本を一冊買うことをルールにしていたそうです。ビルの別の部屋には祖母が住んでいて、その本棚にあった安野光雅の『旅の絵本』がお気に入りでした。

「この本や『おふろやさん』（西村繁男）のように、文字が少ない絵本が好きで、絵を眺めながら勝手にお話を妄想していました」

小学生の頃は、『いやいやえん』（中川李枝子・作、大村百合子・絵）や『長くつ下のピッピ』（リンドグレーン）などを読んだそうです。とくに好きだったのが、『コロッケ天使』（上條さなえ・作、岡本順・画）で、学校の図書室で何度も借りたので図書カードの三分の二がよしこさんの名前でした。

「一回借りると、三回ぐらい読みました。繰り返し読むのが愉しかった。人気があるとか名作だとか考えずに、好きな本を読めたのは、いま思うと幸せでしたね」

中学生になると、群ようこやさくらももこらのエッセイを読むようになりました。高校で衝撃を受けたのは、『風俗嬢菜摘ひかるの性的冒険』。やまだないとのカバー絵に惹かれて読んだのですが、「ギリギリのところでプライドを持って仕事をしているのがカッコよかったです」。ちなみに、菜摘ひかるさんは二〇〇二年に亡くなっています。

大学では生活社会学を専攻。消費生活をテーマに卒論を書きます。当時好きだった作家は、江國香織や吉田修一など。卒業後は編集専門学校で学び、編集プロダクションに入社します。

「仕事は忙しかったけど、やりがいがありました。ただ、この時期はあまり本が読めませんでした」

このまま読書から離れてしまうのは嫌だなと思っていたところに、一箱古本市に関わるようになり、本好きの友人がたくさんできました。いまは新しい仕事も決まり、順調そうです。

そんな祭田よしこさんのお悩みは？

「本について話してくれる知り合いが増えて、いろんな本を買うようになりました。その一方で、自分が本について知らないことをコンプレックスに感じてしまいます。ネットを見て

いても、誰かの評価とか賞をとったとかの情報が入ってきます。そういうこととは関係なく、無心に楽しく本を読みたいんです」

本を読むことはエライことでもなんでもありません。私にとっては本はなくてはならないものですが、まったく興味がないひともいる。それでいいのだと思います。とはいえ、歳を取るにつれて、先入観とか情報が邪魔になって、純粋に読書を楽しめてないなあと感じることは、私にもあります。

そういうときは、原点に戻りましょう。今回は私が熱中して読み、その後折に触れて再読してきた三冊を。

今回処方する本

夏目漱石『吾輩は猫である』（大倉書店・服部書店、一九〇五〜一九〇七／新潮文庫ほか）

中学生の頃に通読したと思います。それまでエンターテインメント小説しか読んでい

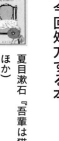

なかった私ですが、熱中して読みました。この作品は教科書や子ども向けのダイジェストで読むのではなく、ちょっと取っつきにくくても原文を読むほうがいいです。明治に書かれたものですから、固有名詞や表現が判らないのは当たり前。なるべくいちいち注釈を見ないで、ストーリーを味わってほしいです。無精な苦沙弥先生を取り巻く個性豊かな面々たちが、落ちのない落語のようなエピソードを語ります。軽い気持ちでも一気に読めてしまうし、背後にあるもの（モデルになった人物やほかの漱石作品との関連）などを自分なりに考えていくのも楽しいです。幸い、この作品には無数の評論とパロディがあります。一生遊べる小説だと云えるのではないでしょうか。

筒井康隆『みだれ撃ち瀆書ノート』（集英社、一九七九／集英社文庫）

小学生でＳＦにハマって以来、星新一と筒井康隆はとにかく全部読みました。とくに筒井康隆には作風の変化とともに、読んでいる自分も変わっていくような感覚がありました。本書は書評エッセイですが、純文学から落語、科学、心理学まで幅広く取り上げています。藤枝静男『田紳有楽』というぶっとんだ前衛小説は、この本で紹介されなければ手に取ることはなかったでしょう。エンタメ少年が少しずつ読書の幅を広げていくために、まさに格好のガイドでした。

陸奥A子著、外舘惠子編『陸奥A子　『りぼん』おとめチック　ワールド』（河出書房新社、二〇一五）

最後は少女マンガです。本書は、二〇一五年に東京の弥生美術館で開催された「陸奥A子×少女ふろく展」の図録として刊行され、『りぼん』でひとつの時代を築いた陸奥A子の世界を一望できます。リリー・フランキーや江口寿史が語るように、男の子にとっても陸奥A子は唯一無二の存在でした。この世界にいつまでも浸っていたいと、何度も単行本を読み返したものです。とくに『こんぺい荘のフランソワ』は、「好きなことで生きていく」という夢を見せてくれました（もっとも、フリーランスの食えなさ加減もしっかり予告してありますが……）。

よしこさんは最近、再読するのが好きだった頃を思い出して、昔熱中して読んだ本を読み返しているそうです。弱ったときには原点に戻るのが一番です。そこから、次に進むべき方向が見えてくるのではないでしょうか。

すぐに冒険したくなる

いとぽんさん（27歳　仮名　新潟）

新潟市の学校町通で毎年六月に開催される一箱古本市は、菅原神社の境内とそれに続く路上に八十箱もの出店者が並びます。販売終了後、近くの〈北書店〉での懇親会で、店主さんたちと飲みながら話をするのも楽しいです。「古本いと本《ぽん》」のいとぽんさんとも、ここで会いました。

少ない冊数をどう並べて、どのようにお客さんにアピールすればいいかを判っている感じで、じっさいよく売れていました。「メモのすすめ」という手書きのフリーペーパーも楽しい読み物です。改めて訊いてみると、「それまで、モノを売る体験をしたことがなかった」というので驚きました。天性のセンスなのでしょうか。

いとぽんさんは新潟県のS村生まれ。村の図書館はカビ臭く、古い本しか置いてなくて、本屋も文具や雑貨との兼業の店があるだけだったそうです。両親とも公務員で本好きだったので、本を買ってもらうことは多かったです。

「鍵っ子だったので、放課後は小学校の図書室で本を読んでいました。一冊読み終えるごとに栞がもらえるので、借りまくっていました（笑）。仲のいい子同士が図書室に集まって、絵を描いたりしていましたね。中学のときも図書室がたまり場でした」

中学生のいとぽんさんは、自分の好きな本に手紙を挟んで、次に手に取った人から返事が戻ってくるかという実験をやったそうです。その本は誰にも借りられなかったのですが、理科室の机の裏に貼りつけた手紙には返事があり、ほかの学年を巻き込んでの手紙のやりとりが続いたといいます。冒険小説やファンタジー小説が好きで、主人公が中学生に生まれ変わる森絵都の『カラフル』には、自分のことのように熱中しました。

高校は電車を乗り継いで四十分かかるところに通いました。早めに着いてしまうので、たまり場だった美術室で本を読んでいたそうです。この頃好きだったのは、長野まゆみ、恩田陸ら、女性作家の不思議な小説でした。

その後、東京の女子大を経て、新発田《しばた》市の食品加工会社に入社。「働きながら、これでいいのかなと思って、仕事に関する本をたくさん読みました」

二〇一一年六月、第一回の新潟市の一箱古本市に参加。本を売ることの面白さに目覚め、秋に会社を辞めてしまいます。翌年春に、新発田市の商店街のコミュニティカフェの一角に、古本屋をオープン。「だんだん知られるようになってはきたけれど、店でお客さんを待っているのはわたしには向いてないいんじゃないかと思って」、約一年半後の二〇一四年春、そこを閉めます。

その後は、昼間は仕事をしながら、週末になると県内各地の一箱古本市やマルシェに参加して、本を売っています。いまは、新発田の金升酒造の酒蔵で一箱古本市を主催し、県内から多くの本好きを集めています。

「小商い」が注目されるいま、いとぽんさんは少しずつ自分なりの方向をつかみかけているようです。

「一番好きな本は、パウロ・コエーリョの『アルケミスト　夢を旅した少年』です。羊飼いの少年が主人公のファンタジーですが、自分に重なる部分があると感じました。読み返すたびに発見と、判らないままのところがあるんです」

そんないとぽんさんのお悩みは？

「いまは仕事とイベントとが両立していて、まあ安定はしているのですが、そうなると、刺

激を求めたくなります。落ち着いた状態になると、すぐ冒険したくなるんです」

いまいる場所から違うところに行きたくなる気持ちは、よく判ります。旅や移住も含めて、物理的に冒険するのもいいのですが、今回は日常と冒険が地続きになった三冊を紹介しましょう。

今回処方する本

原宏一『極楽カンパニー』(幻冬舎、一九九八/集英社文庫)

定年退職したサラリーマンが「会社ごっこ」をはじめたところ、我も我もと参加者がいて、一大ムーブメントになっていくという物語です。バカバカしいことが日常に定着していく、というのはこの作家の特徴ですね。「絵空事」「馬鹿正直」「度外視」という企業理念を、ホントに掲げる会社が出てきたらいいなあと、思わされます。「ごっこ」に本気の要素が加わっていくというのは、私たちがやっている一箱古本市(これも「本屋さんごっこ」です)に通じるものがあるようです。

半村良『闇の中の黄金』（角川書店、一九七六／河出文庫）

『闇の中の系図』『闇の中の哄笑』に挟まれた「嘘部」シリーズ第二作。古代から、嘘という武器を駆使して、日本という国を守ってきた部族という、とんでもない設定を、読者に呑み込ませてしまうのが、半村良という作家の真骨頂です。とくに本作は、傷ついた編集者の復帰劇という表の物語が、残り百ページで、まったく違う様相を見せます。気がついたら、冒険に出ていたという感じです。そのときの主人公の精神状態は、こう描かれます。

「恐怖に近い警戒心と、戦慄そのものといえる知的なよろこびがごっちゃになっていた。その警戒心は動物的な本能によるものではなく、碁や将棋のときに発生するような知的警戒心で、昂揚状態が去れば醒めてしまう類いのものであったのかも知れない。

しかし昂揚した状態はいっこうに去らなかった。受けた衝撃がそれほど大きかったのであろう」

大野更紗『シャバはつらいよ』（ポプラ社、二〇一四／ポプラ文庫）

三冊目はノンフィクションです。自己免疫疾患系の難病の体験を綴りベストセラーになった『困ってるひと』（ポプラ文庫）の続篇です。病院の外＝シャバで生きていこうと決心した著者が直面する、さまざまな難問。普通の人だったら、何も考えずにこなせるひとつひとつが、著者にとっては生存を危うくする壁なのです。ときには絶望を感じながらも、彼女は「社会は、人間は、変わるかもしれない」という希望を抱いて、生きのびることを決意します。

あえて、ファンタジー要素の少ない本を選んでみました。日常のなかに「冒険」を感じることができれば、いまいる場所をもっと好きになれるかもしれませんよ。

もっと元気になりたい

くりもとみきさん（25歳　香川）

二〇一五年の後半はなぜか西日本に出かける機会が多くありました。とくに香川県高松市には八月、九月、十月と三カ月連続で行っています。自然といろんな人と知り合いになりました。

九月のシルバーウィークには、「海の見える一箱古本市」に参加しました。会場の北浜alley（アリー）は高松港に近い海辺で、元農協の倉庫をリノベーションし雑貨店やカフェが入っています。高松では有数のしゃれたスポットです。その中に二〇一三年にオープンしたアートブックの書店・ギャラリーの〈BOOK MARÜTE〉が今回のイベントの主催者です。出店者は二十六箱。四国以外に神奈川、大阪、兵庫、和歌山からも参加し、多くの人が訪れました。

会場の入口には、一箱古本市のポスターが掲げられています。海の見える窓辺で、うつむいて本を読んでいる女の子。青の色づかいが、ちょっとフランスの画家レイモン・サヴィニャックを思わせます。その近くで、似顔絵屋さんを開いていたのが、ポスターの作者であるくりもとみきさんでした。今回は仮名ではなく、イラストレーターとしての名前です。

出身はここから離れた和歌山県有田《ありだ》郡の「大字」のつく地区。和歌山市の会社に通う両親と、兄と妹、祖父母と一緒に暮らしていました。祖母の本棚には紀州の民話や星新一、小松左京などの小説が並んでいて、中学の頃に抜き出して読んだそうです。

「幼稚園の頃から絵を描くのがすごく好きで、マンガを描いて友だちに見せていました。当時好きだった絵本は『ぬまのかいぶつボドニック』（シュテパン・ツァフレル）。暗い感じの水彩画に見入りました。『ぐるんぐごろんご』（かわむらふゆみ）では、「る」のレタリングが気に入って、真似して書いていました」

家にあったパソコンでも絵を描き、小学六年生でホームページを開設して自分の絵を載せていたというのですから、早熟です。

近所には本屋がなく、小学校の図書室や公民館の図書室に通っています。中学に入ると、「図書室にいると暗い奴だと思われがちなのがイヤで」、卓球部の部活をさぼって、図書室で『サイボーグ009』や『ブラック・ジャック』などの古いマンガを読んでいたそうです。

和歌山市の高校でデザイン学科に入り、市内の本屋に行くようになります。好きだったバンド「ゆらゆら帝国」からの影響で、夢野久作の『ドグラ・マグラ』、つげ義春や水木しげる、楳図かずおのマンガを読みます。

「リアルタイムの作家にはまったく興味がなかったです。大学に入ってから、周りが読んでいる作家を知らなくてちょっと恥ずかしかったです」

大阪芸術大学のデザイン学科に進学してからは、「作者名が簡単でむずかしくない本を読もう」と、大学の図書館でカフカの『アメリカ』を借りて読み、「なんだ、こりゃ」と思い、次にミヒャエル・エンデの『鏡のなかの鏡――迷宮』や『はてしない物語』を読み、そしてミラン・クンデラを読んだそうです。

「クンデラの『不滅』や『無知』はむずかしいけど刺激的で、頑張って読みました。彼の小説に出てくる人間の生き方は美しく、感動します」

音楽サークルで、のちに結婚する相手と出会い、付き合いはじめます。本や音楽が好きな彼に教えられて、高橋源一郎の『さようなら、ギャングたち』などを読んだそうです。当時は二人でよくブックオフに行っていたとのこと。

卒業後、大阪で就職するも一年半で退職。同じく仕事を辞めていた彼の実家である香川県多度津町に、今年二月に移住してきたのです。

そして九月に〈BOOK MARÜTE〉で初の個展「青い生活」を開きます。そして、同店が台湾に持っているギャラリーでも先日、個展が行なわれました。これからもっと注目されていくでしょう。

「最近は、丸亀の猪熊弦一郎現代美術館（MIMOCA）の図書室で画集を見ています。マチスの教会を描いた絵が好きです。あんなふうに、人を幸せにできるような絵を描いていきたいです」

そんなくりもとみきさんのお悩みは？

「わたしも夫も内にこもりがちなところがあります。いろんなことに挑戦できるエネルギーが欲しいです。もっと元気になりたいんです」

ご要望にお応えして、読むとやたらと元気になる三冊を紹介しましょう。

今回処方する本

獅子文六『てんやわんや』（新潮社、一九四九／ちくま文庫）

　四国に移住したてのくりもとさんにぴったりの小説です。主人公の犬丸順吉は、雇い主の命令のまま、終戦直後の荒廃した東京から、四国は宇和島の近くの相生町にやって来ます。

「それは、山々の屛風で、大切そうに囲われた、陽に輝く盆地であった。一筋の河が野の中を紆《めぐ》り、河下に二本の橋があり、その片側に、銀の鱗を列べたように、人家の屋根が連なっていた。いかにも、それは別天地であった。あの険しい、長い峠を防壁にして、安全と幸福を求める人々が、その昔、ここに居を卜《ぼく》した――そういう感じが、溢れていた」

　気が弱くて周囲の人の流されるままに生きてきた犬丸は、こののんびりとした町と人と付き合ううちに、平家の落人部落や「四国独立論」などをめぐる騒ぎに巻き込まれます。読んでいる間、いい温泉に浸かっているように、ゆっくりと元気になっていく小説です。

山本周五郎『日日《にちにち》平安』（角川書店、一九五八年／新潮文庫）

いつも苦虫を噛み潰したような表情でいる作家が、ニヤリと笑う様子が見えるような好短篇。食い詰めた浪人が、藩の騒動に食い込んで一旗揚げようとしますが、生来の人の好さから策謀家になり切れません。だからこそ、最後の一言が生きてきます。

小林信彦『唐獅子株式会社』（新潮文庫、一九八一／フリースタイル）

全編これパロディの嵐。中学生でこれを読んだ私は、原典よりも先にパロディでいろんなことを知ってしまいました（「唐獅子生活革命」の植草甚一の文体模写を見よ！）。不死身の哲をはじめとするこわもてのヤクザたちが、流行りものに乗りやすい大親分に翻弄されまくります。独立した短篇ですが、全体を通して変化していく要素も入っています。読むとテンションがあがりまくりの大傑作。しばらく品切れでしたが、フリースタイルから刊行開始の「小林信彦コレクション」の第二弾として復刊されました。

新しもの嫌いのくりもとさんのために、あえて、いまどきでない小説を挙げてみました。三作に共通するのは、いずれも映画化されていることです。『てんやわんや』は一九五〇年、渋谷実監督。悠揚とした佐野周二は、犬丸役にぴったりでした。黒澤明は『日日平安』を換骨奪胎して、名作『椿三十郎』（一九六二）を生みました。映画でも抜群のやり取りだった娘と母親との会話は、原作にあったものです。『唐獅子株式会社』も横山やすし主演、曽根中生監督で映画化（一九八三）されていますが、まぁ珍品好きならどうぞ、という感じでしょうか。小説を読んで、映画を観て、「自分もいろいろやってみよう」という気持ちが高まるといいですね。

色気のある女性になりたい

八雲たつ子さん（29歳　仮名　島根）

旧暦の十月は「神無《かんな》月《づき》」とも呼ばれます。しかし、全国で一県だけ、島根県だけは「神《かみ》在月《ありづき》」なのです。この時期に八百万の神々が出雲大社にやって来てこれから一年のことを話し合うからだと云われています。だから島根県出雲市生まれの私には十月はちょっと特別な月なのです。

その島根県の松江市で初の一箱古本市が開催されたのは、二〇一三年十月のこと。自然とイベント名は「ＢＯＯＫ在月」になりました。神々ならぬ本好きの集まる場にしたいというココロからの命名です。

中心になっているのは、〈曽田篤一郎文庫ギャラリー〉の人たち。一軒家を開放して私設の図書館にしたもので、現在は有志による「応援団」が運営しています。八雲たつ子さんと初めて会ったのも、この曽田文庫での集まりでした。シャイな感じで物静かに笑っている女性でしたが、飲み会のあと、同じ方面に帰る電車のなかで「いつか実家を改装してブックカフェを開きたいんです」と夢を語ってくれました。

たつ子さんの実家は、宍道町の古い商店街で三代前から雑貨や化粧品などを商ってきました。父の代には、近隣のショッピングセンターで新刊書店を開いていた時期もあったそうです。ときどき店で売っている雑誌や本をこっそり持って帰ってくれるのが楽しみでした。

「父は「子どもはどんどんラクガキしていい」と云って、自分でも家の壁に大きな恐竜の絵を描いたりしていました。わたしも壁や本にいろいろラクガキして遊びました」

その頃好きだった絵本は『おしいれのぼうけん』（ふるたたるひ、たばたせいいち）。何度も読んでもらったが、長いので母が読むのを嫌がったと云います。三つ上の姉とともに少女マンガに熱中し、単行本も集めました。小学校高学年になると、小林深雪の女の子向け小説に熱中します。「違う作品でも登場人物がつながっている感じが好きでした」

中学では美術部に入ります。同じクラスの女の子と本の貸し借りをするようになり、三原ミツカズのマンガや嶽本野ばらの小説を知ります。高校では学校の図書室に通い、司書の先生から伊坂幸太郎や瀬尾まいこの作品を教えてもらったそうです。

奈良の芸術系短大を経て、大阪でデザイン事務所に就職。しかし、会社がつぶれてしまいます。その前に父が突然病気で亡くなったこともあり、実家に帰ることに。松江の印刷会社にデザイナーとして入ります。

「父は本好きで、わたしが高校のときに山本周五郎の『さぶ』を読んでいたら、父がその冒頭部分を暗唱したことがあります。亡くなってみると、もっと父と本の話をしておけばよかったと思います」

フリーマーケットで本を売っていたときに、曽田文庫の人と出会い、当番などの手伝いをするようになります。そして、「ＢＯＯＫ在月」では毎年発行する冊子のデザインを担当しつつ、「かぜにつき」という屋号で一箱古本市に出店しています。

島根に帰ってから「自分で店をやりたい」という気持ちが高まり、その準備のために会社を辞めることにしたとのこと。先行きには不安もありますが、「落ち着いて本を読める場所をつくりたい」という夢の実現に向かって、踏み出しています。

いずれ島根県に本好きの拠点がひとつ増えることでしょう。オープンはやっぱり十月でしょうか？

そんな八雲たつ子さんのお悩みは？

「いま、片思いしている人がいます。憧れの人に振り向いてもらえるような色気のある女性になりたいんです」

うーん、それをこの朴念仁のおじさんに訊きますか……。難しいですが、何とかやってみましょう。

今回処方する本

高峰秀子『わたしの渡世日記』（朝日新聞社、一九七六／文春文庫）

二〇一五年に亡くなった原節子をはじめ、美人女優は数多いのですが、私が最も好きな女優は高峰秀子です。子役でデビューして以来、四百本以上に出演しました。戦後いち早く映画会社に属さないフリーランスとなり、木下恵介、成瀬巳喜男ら名監督と仕事をしています。少女から老婆まで幅広くこなし、どの作品でも体当たりで演技しています。彼女のキリッとした表情に色気を感じます。

五十歳で書いた本書は「高峰秀子」という女優を知らなくても、昭和を生きたひとりの女性の自伝として読みごたえがあります。養母の芸名だった「高峰秀子」を与えられ、五歳で子役として映画に出るようになった彼女は、幼くして大人の世界を知ります。養母や親族の生活を支え、映画会社の要求のまま役をこなすうち、確固とした意志が生まれていきます。そして、仕事をなげうってパリに渡り、帰国後は助監督だった松山善三と結婚するという、我が道を行きました。この意志のつよさが、高峰秀子の色気を生み出しているのではないでしょうか？

虚飾に満ちた世界にいた彼女が求めていたのは、「普通の女性」でした。『私のインタヴュー』（河出文庫）では、美容師、セールスウーマン、サーカス団員や底辺で働く女性に会って、彼女たちの暮らしについて訊いています。また、あるインタビューではこう話しています。

「私ね、女のいっとういやな点は虚栄心だと思うのですけれど。自尊心じゃないのね。私は背のびしないで暮してゆきたい。お見合の写真のようにゴマ化して生きるのいやね。化けの皮があらわれるもの何でもきらい。自尊心があってありのままの人がいいなあ」（『まいまいつぶろ』河出文庫）

色気とは、その「ありのまま」から生まれるものなのかもしれません。

島崎今日子『安井かずみがいた時代』（集英社、二〇一三／集英社文庫）

一九六〇～七〇年代に辺見マリ「経験」、小柳ルミ子「わたしの城下町」などのヒット曲を作詞した安井かずみについて、二十六人が語ったノンフィクションです。彼女の才能とともに、そのライフスタイルも注目を集め、「こんな女性になりたい」という同時代の女性のロールモデルでした。ZUZUという愛称を持つ彼女の美しさと、語り手だけが知っている淋しい素顔とのギャップが印象的です。

尾崎翠「第七官界彷徨」（啓松堂、一九三三／『ちくま日本文学4　尾崎翠』ちくま文庫）

三冊目は小説です。色気のある女性が出てくる作品は多々ありますが、すぐに思いついたのがこの作品でした。なにしろ恋心の芽生える現場が、肥しの臭いのただよう家なのですから！　赤いちぢれ毛の小野町子と、その兄の小野一助・二助、従兄弟の佐田三五郎の奇妙な共同生活が描かれます。彼らはどこかネジがゆるんでいて、いつもほわほわと恋をしているのです。

この作品は作者の生前にはほとんど評価されず、尾崎翠は故郷の鳥取に帰って文壇と縁を断ち、そのまま亡くなります。しかし、現在では女子と女子的感性のある男子に広く読まれています。それは、文章のひとつひとつから、ほのかな色気が感じられるからではないでしょうか。ずっとのちに発達する少女マンガの文法を、すでに先取りしてい

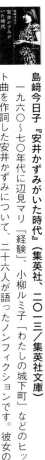

るかのようです。私は、科学と抒情を持ち味とする清原なつのにこの作品をマンガ化してほしいと思っています。

やっぱり、片思いの処方箋にはなりませんでしたね。すみません。でも、たつ子さんの「ありのまま」に色気を感じる相手が、運命の人と思うんですよね。これって、少女マンガ的な発想でしょうか？

出不精で困る

カジノリコさん（37歳　東京）

東京の谷中・根津・千駄木、通称「谷根千」には、カフェ、雑貨店、ギャラリー、靴店など個人が経営する店が点在します。〈古道具Négla（ネグラ）〉もそのひとつです。店内は和箪笥、ガラス瓶、トランクなど和洋を問わず、古いモノであふれています。値段も手ごろで、何か一つ買って帰りたくなります。これだけたくさんのモノがあるのに、どこかに共通した世界を感じるのは、店主のカジノリコさんのセンスがあってのことでしょうか。彼女の笑顔を見ると、私はいつも気持ちが安らぎます。

カジさんは福岡県生まれ。両親と二人の姉、弟、妹の七人家族でした。会社員の父は、若いとき文学青年で岩波文庫を愛読していました。「いまでも小説や詩の一節を暗唱することがあります。八木重吉の詩は父に教えてもらいました」。母も子どもに本を読み聞かせるのが好きな人で、家族で出かける際には小型の絵本を持って行き、子どもが退屈すると読んでくれたそうです。当然、家の中は本が多く、のちに図書館に寄贈したほどでした。

「記憶に残っている最初の本は、谷川俊太郎さんの言葉遊びの絵本です。「いるかがいるか」などの語感が好きで、何度も読みました。切り絵の民藝っぽい表紙や紙の質感まで覚えています」

おそらくそれは、『ことばあそびうた』（谷川俊太郎・詩、瀬川康男・絵）シリーズの一冊ではないでしょうか。たしかに、表紙は切り絵っぽくはあります。カジさんは、ビジュアルの記憶力が優れているようで、日本や世界の昔話の絵本のことも「表紙がタータンチェックで、緑バージョンと赤バージョンがありました」と話します。

マンガも好きで、姉妹がそれぞれ少女マンガ雑誌を買って読み合いました。姉の影響で、自分の年代よりも上の『ガラスの仮面』なども読んでいます。

小学校は築百年もの古い校舎で、図書室は校舎と渡り廊下でつながっていました。高い窓に、プロペラ式の扇風機があったそうです。この場所が気に入って、しょっちゅう通っていました。借りた本が増えると、ひとりひとりに与えられた図書カードの枚数も増えていきます。それを見ると、なんだかウキウキします。

小学三年で神奈川県に引っ越し、数年後に千葉県に移ります。はじめて作家の名前を意識したのは十八歳で、金井美恵子の小説に熱中しました。姉に勧められてアガサ・クリスティーや『シャーロック・ホームズ』を読んだり、父の蔵書からドストエフスキーの『カラマーゾフの兄弟』を手に取り、途中で挫折したりしました（のちに新訳で完読したそうです）。

武蔵野美術短期大学のプラスティック科に在学中に、骨董店〈ニコニコ堂〉に通うようになり、店主の「長さん」こと長嶋康郎さんの影響を受けます。当時読んだ本は、ブロンテ『嵐が丘』、モラヴィア『無関心な人々』、メルヴィル『バートルビー』、保坂和志、庄司薫など。メイ・サートンの『独り居の日記』は、一人暮らしを淋しく感じるときに読んだそうです。

「もっとも、いまでは全部忘れてしまっていますね（笑）。アントニオ・タブッキのリスボンが舞台になっている小説の、路面電車の走る街でレモンのお酒を飲む場面とか、情景を断片的に覚えているだけです」

千駄木にネグラを開店したのは二〇〇九年。店舗での営業のほか、カフェやバーでの出張販売も盛んに行なっています。

「冬になると、店のソファーに座って本を読むのが楽しみです」とカジさんはニコニコしました。

そんなカジさんのお悩みは？

「一度読みだすとマンガの世界にハマってしまうんです。どうしたら途中でやめることができますか？」

好きな作品を繰り返し読みたいので、ｉＰａｄで電子書籍を買ったりレンタルしたりするようになったそうです。ディスプレイだと暗い中でも読めるので、つい徹夜してしまうこともあるとのこと。

そして、もう一つの悩みが、マンガ耽溺にも関わるのですが、**「出不精で困ります」**。ときどきは外に出て、いろんなものを見たりしたいのですが、仕事以外は家にずっといてしまうとのこと。

うーん、最初の悩みは難しいですねえ。私も一度読みだすと、ラストまで一気にいかないと気が済まないほうなので。ただ、現実的な解決策としては、電子書籍を止めて紙の本に戻したら、物理的な限界に直面して、自ずと「ほどほど」にせざるを得なくなるんじゃないでしょうか？

今回は、出不精問題に役に立つかもしれない本を紹介します。

今回処方する本

姫野カオルコ『近所の犬』（幻冬舎、二〇一四／幻冬舎文庫）

犬好きの女性作家が自宅で犬が飼えないため、近所にいる犬を見つけては駆け寄りなでるという「借飼《しゃくし》」を行ないます。豪邸に住むおすましやのウェルシュ・コーギーの「モコ」、スピッツなのにむだ吠えしない「拓郎」、耳の遠いおじいさんが連れていた雑種「マロン」らの出会いを通じて、人々が暮らす街の風景が見えてくるようです。

犬との出会いは楽しいだけでなく、「私は犬が好きだが、犬が私を好くことはそんなにない」という苦い思いも抱かせます。直木賞を受賞した自伝的連作長篇『昭和の犬』（幻冬舎文庫）とあわせて読むと、ぐっと主人公の気持ちに近づけます。

坂崎重盛『東京煮込み横丁評判記』（光文社、二〇〇八／中公文庫）

浅草橋、小岩、立石、浅草、北千住、上野などにある、煮込みのうまい店を巡るエッセイ集。登場する店はいずれも雰囲気が良く、煮込みもウマそう。すぐにでも行きたくなります。ガイドブックとして使うことができますが、「しかし、煮込みは一つの着地点であって、メインは、煮込みが食べられる居酒屋のある町や横丁周辺をブラつくことなのである」。

めざした店のカウンターが満席だったら、数軒先の店にふらりと入る。あるいは、目についた路地を歩いてみる。一杯ひっかけて、目的の店に戻ってきたころには、本題の煮込みはどうでもよくなっている。このいい加減さ、力を抜いた感じがいいのです。好きなものを意識しつつも、それにとらわれすぎない柔軟さが必要なのかもしれません。

内田百閒『掻痒記』（『内田百閒集成7　百鬼園先生言行録』ちくま文庫、二〇〇三）

いっそ、出不精を極めるという手もあります。内田百閒は達意の文章で知られ、いまなお愛読されています。

百閒は大学を出てから、就職先が見つからず一年半、なにもしない生活を送っていました。すでに結婚して子どももおり、郷里から祖母と母を呼んで同居していました。その頃のことを書いた文章があります。

「そうそう毎日就職の依頼に出かける先もないので、洋書を飾った書斎に坐り、尤もらしく新刊書を繙いたけれど、勉強が足りないのでよく解らなかった。原稿料を稼ぐために、翻訳をしようと思って机に向かうと、まだ始めない内から欠伸《あくび》ばかり出て、しまいには、ただ翻訳の事を考えるだけでも欠伸が止まらない様になった。それで翻訳も物にならず、うつらうつらと日を暮らした」

その後の、無為をあざけるように頭が痒くなっていく描写は壮絶です。しかも、百閒はのちに陸軍士官学校や法政大学のドイツ語教授を務めた頃も借金に追われ、家族と離れて下宿屋に蟄居しているのです。まさに出不精の王様です。

ただ、その世間と隔絶した生活のなかで書いた文章は、観察眼と想像力を併せ持つものでした。出歩いていればいいってものではないのでしょうね。

遠くへ旅するのではなく、日常と地続きにある風景を楽しんで、そこから何かが得られれば、明日への活力になるのではないでしょうか。私も出不精なので、せいぜい近所をぶらつくようにしたいです。

お悩み女子

モノがたくさんある生活をしたくない

花木さとみさん（29歳　仮名　香川）

二〇一五年秋、小豆島で一箱古本市が開催され、私も参加しました。会場となったのは、土庄町の〈MeiPAM（メイパム）〉。まちなかに複数のギャラリーがあり、カフェの一角には〈迷路のまちの本屋さん〉という本のコーナーがあります。43ページでここの「店長」である島乃ゆきこさんに登場してもらいました。

　都市部で開催される一箱古本市と異なり、全部で十組ほどが参加するこぢんまりとしたもので、他の参加者とよもやま話をしているうちに時間が過ぎていきました。本はあまり売れませんが、こういうのんびりとした一日も悪くありません。

　店主不在の「古書フラワー」という箱に目が止まりました。地域や生活に関する本や雑誌が並んでいます。なかでも、『季刊地域』は「むらの婚活がアツい」「空き家徹底活用ガイド」など特集がユニークです。

「店主さんはいま、あっちで店番してますよ」と教えてもらって、近所の〈モノノケ堂〉

に向かいました。ここは〈MeiPAM4〉として妖怪の造形作品を展示するギャラリーであり、駄菓子屋さんでもあります。そこで花木さとみさんに会いました。落ち着いた風情のある女性です。

「『季刊地域』や同じ農文協が発行している『現代農業』は、農業を知らないわたしが読んでも、生産者のものづくりへの思いや、編集者の情熱が伝わってきて面白いんです」

花木さんは東京で暮らしていましたが、ご主人が小豆島で就職するのを機に、二〇一四年にこの地に移住してきました。いまは二人とも〈MeiPAM〉で展示企画などの仕事をしています。

生まれたのは神奈川県川崎市。祖父の代から商店街で喫茶店を営んでいたそうです。自宅と店が一緒だったので、小さいころは店内で遊んでいました。備え付けのマンガや雑誌も読みました。

幼稚園では毎日、絵本を借りて母や父に読んでもらいました。宮沢賢治の『風の又三郎』や「耳なし芳一」など、ふしぎな話が好きでした。小学校に入ると、学校の図書室で借りたさとうまきこ『レベル21　アンジュさんの不思議《マジカル》ショップ』を愛読しました。

「アンティークショップを舞台にした不思議な物語で、それがきっかけで魔女の出てくるファンタジー小説を読むようになりました」

大学で取ったゼミで民俗学に興味を持ち、宮本常一や小泉八雲などを読みます。小説では伊坂幸太郎にハマり、全部の作品を読んでいます。

卒業後、出版社のグループに就職します。仕事柄、電子書籍に触れる機会が多く、Ｋｉｎｄｌｅで読書をするようになりました。

「書店では手にしないタイトルも、オススメに出てくると読んでみたくなります。フィリップ・Ｋ・ディックの『アンドロイドは電気羊の夢を見るか？』も、Ｋｉｎｄｌｅのランキングで知って読みました。電子書籍ならではの本との出会い方も楽しいので、紙の本へのこだわりはそれほどないですね」

小豆島で生活するようになって二年近く経ちますが、まちなかなのでさほど不便は感じないそうです。書店はたまにフェリーで高松に出たときに寄る程度。その分、島の図書館に寄る頻度が増えました。郷土資料のコーナーには、地元の祭りや民話の聞き書き資料が充実していて、島の歴史を身近に感じるようになりました。

夫婦ともに地縁のない地への移住でしたが、ふしぎな話が好きだった花木さんが民俗学の宝庫とも云える小豆島に来たのには、なにかしらの縁を感じてしまいます。

そんな花木さとみさんのお悩みは？

「二人ともきれい好きな方なのですが、ふとスイッチが切れると片づけられなくなって、家の中が荒れてしまいます。本来は何もない空間が好きで、モノがたくさんある生活をしたくないんですが」

では、シンプルな生活の先達を紹介しましょう。

今回処方する本

幸田文『こんなこと』（創元社、一九五〇／『父・こんなこと』新潮文庫）

文豪・幸田露伴が亡くなった後に、娘の幸田文が父から受けた教えを綴ったエッセイに、掃除についての章があります。幼くして生母を亡くし、継母が家庭向きのひとでなかったこともあり、「掃いたり拭いたりのしかたを私は父から習った」。

女学生の文に父は、はたきのかけかた、箒の使いかた、拭き掃除、机の上の片づけかたを教えます。娘はやかましい父に反発しながらも、手を動かして理解していきます。彼女が「快活性とでたらめ性」の持ち主だったことも、二人の関係を明るくしています。

父は娘に、ひとつひとつの動作を教えながら、「きちんと生きること」の大事さを伝えようとしたのではないでしょうか。娘はそれをまた、自分の子どもに伝えていくのです。

中崎タツヤ『もたない男』（飛鳥新社、二〇一〇／新潮文庫）

一方、モノを捨てたい気持ちが妄執になってしまったのが本書。マンガ家である著者の仕事場には、ほとんどモノがありません。仕事に関係のある最小限のモノだけを置いています。

不要なモノを排除するだけでなく、あるモノの不要な部分も捨てます。ボールペンのインクが減ると、長いのが無駄な気がして本体を削るそうです。ガスコンロも不要なのですが、アパートに備え付けなので捨てるわけにはいかず、視界に入らないように押し入れに入れています。

「私は別に何でもかんでも捨てたいというわけではありません。人のものを捨てるわけではなく、自分にとって無駄なものを捨ててしまいたいんです。許されるのならば人のものも捨てたいですが」

最後の一節に、ユーモアと狂気が同居しています。

この人は、モノを買うこと自体はむしろ好きなのですが、自分に必要ないモノだと思ったら、すぐに捨てたくなってしまうのだそうです。その徹底ぶりは自分の作品にまで及んでいて、単行本どころか原画まで捨ててしまいます。

ついには二十六年間連載した『じみへん』の完結とともに、マンガ家さえ廃業してしまいました。

吉村昭『海も暮れきる』（講談社、一九八〇／講談社文庫）

小豆島在住の花木さんにぜひ読んでほしい一冊です。

「咳をしてもひとり」などの自由律俳句で知られる尾崎放哉は一九二五年（大正十四）に小豆島土庄町の西光寺の奥の院である南郷庵に入ります。放哉は東京帝大を出て、生命保険会社に入るのですが、酒びたりの生活から会社を辞め、妻とも別れます。『海も暮れきる』では流浪の生活の末にたどり着いた、小豆島での八カ月を描いています。

庵での生活では、遍路からの灯明代しか収入が得られません。しかし、放哉の中にはインテリで俳句の才能を認められた己への過信があるため、島の人々や俳句仲間に借金を繰り返し、結核を患っているのに酒を飲んで暴れます。

ただ、自分のつくる俳句に対してだけは、つねに真摯でした。

「病勢が悪化してゆくのに、句が生色を増してゆく。自分の内部から雑なものがそぎ落されているような気がした」

放哉は自ら「無一物」の生活に入りましたが、決して悟ったわけではなく、むしろ醜くもだえ苦しんで四十二歳で亡くなりました。
終焉の地には現在、小豆島尾崎放哉記念館が建っています。

極端な例ですが、必要最小限のモノと付き合いながら生きていけるひとは、幸福だと云ってもいいかもしれませんね。私はとっくに諦めましたが（笑）、花木さんご夫婦がそうあるように祈ります。

お悩み女子

田舎暮らしが不安

花田理絵子さん（46歳　鹿児島）

鹿児島市にある〈レトロフトチトセ〉は、古書店、パン屋、ギャラリー、オフィスなどが入るビルです。築五十年の建物がリノベーションされて、しゃれた空間に生まれ変わりました。二階のトイレは六畳もある広いものでちょっと落ち着きませんが、話のタネにわざわざ入りに来る人もいるそうです。

「このトイレの中で〈本屋さん〉を開いたことがあるんです」と笑うのは、花田理絵子さんです。

「本屋の寅さん」という屋号を持つ彼女は、自分の好きな本を仕入れて、イベントで販売しています。このときも花田さんが中心となって、トイレの中で本を販売するイベントを開催しました。その際、地元の古書店を誘ったのがきっかけで、リノベーション時に〈ブック・パサージュ〉が生まれたのです。

「本屋の店舗を持ちたいという気持ちはないんです。それよりは、あちこち動き回って、本の周辺にあることをコーディネートしていきたいです」と花田さんは云います。いつもニコニコ笑っている人ですが、内には強い情熱を抱えているようです。

生まれは鹿児島県姶良《あいら》市。曾祖母、祖母、母、妹と女性ばかりの五人暮らしでした。子どもの頃から本屋の匂いが大好きで、行くたびに一冊買ってもらいました。近所の薬屋には雑誌を置くラックがあり、学習雑誌がまだ出ていないかとたびたび覗きに行っています。小学校の図書室で借りた『ロビンソン・クルーソー』がきっかけで、冒険記や漂流記を読み漁ります。

洋裁好きの母をはじめ、みんなが何かをつくっていた一家でした。花田さんもマンガやイラストを描き、クラスでは学級新聞や旅行のしおり係になって、コピーで冊子をつくりました。

しかし、中学に入ると病気にかかります。「この頃のことはあまり覚えていないんです。毎日が夢の中にいるみたいで、モノトーンの映画を観ている感じでした。いま思うと、自分の世界に閉じこもっていたかったのかもしれません」

東京の美術短大を卒業後、就職せずにいましたが、田舎に住みたいと二十代半ばに鹿児島に戻ります。広告会社やデザイン会社で働きますが、三年後に過労で倒れてしまいます。

そんなときに、東京でアノニマ・スタジオが主催する出版社のイベント「BOOK MARKET」に行き、個人でも出版社から本を直接仕入れることが出来ると知ります。「帰りの飛行機ではもう、その本を使って何をしようかと考えていましたね（笑）」

そして、インテリアの店などで本を販売するイベントを開きます。本が絵になる並べ方を工夫していくうちに、暮らしにおける本の役割を考えるようになります。

花田さんの大切な一冊は、吉本ばななの『キッチン』。二十歳の頃、祖母から贈られて読んで以来、何度も読み返しています。暮らしの基本となる台所や食べることをテーマにした小説で、自分に重なる場面が多いのだそうです。

最近、熱中しているのは、なんと楽譜。古本屋さんから昔の古い楽譜をもらって以来、その曲が成立した背景や歴史を知りたくなって、音楽の本を読みふけっているとのこと。熱中すると、その世界を深く掘りたくなる性格のようです。

そんな花田理絵子さんのお悩みは？

「いま住んでいる田舎の家は土地は広いんですが、増えていく草と毎日闘っています。そう

いうことも含め、この先、歳を取ったらどうなっていくのか。田舎暮らしに不安があります」

自然の多い環境はたまに訪れるには理想的ですが、いざそこに住むとなると、さまざまな問題が押し寄せますよね。

今回処方する本

熊谷達也『ゆうとりあ』（文藝春秋、二〇〇九／文春文庫）

定年退職した主人公と妻が都会の家を売り払って、富山県に移住します。そこは住人がいなくなった村で、移住者のコミュニティとなっているのです。家は中古ですがリフォームされており、なにより土地は広い。妻は畑を耕し、夫は趣味の蕎麦打ちに専念できる。

まさに理想郷ですが、現実はそんなに甘くありません。慣れない野良仕事、近隣の村人たちとの付き合い、出没するサル、イノシシ、そしてクマへの対応など、悩みは尽きないのです。

ある登場人物は云います。

「夢を求めて田舎に移住して、そこで初めて夢と現実のギャップに気づいて、結局はどうにもならなくなって逃げだしてしまうというのが一番よくないことだと思います。それだと、移住したほうも受け入れたほうも、両方が不幸になってしまいますから」

過剰に夢を見すぎないことが、田舎暮らしには必要なのかもしれません。

はた万次郎『北海道田舎移住日記』（単行本『アブラコの朝』集英社、一九九五／集英社文庫）

逆に田舎暮らしの不便さを楽しんでいるのが本書です。マンガ家の著者は三十歳になったのを機に「東京から遠く離れたい」「日常的にだらだらと遊びたい」と考え、北海道に移住します。観光客が来そうにない下川町を選び、家賃七千円（すぐ半額になる）のボロ家に住みはじめます。

犬のウッシーや猫たちと寝袋で暮らし、ひと月のうち何日かマンガの仕事をすると、あとは釣りをしたり、道内を旅したりして過ごしています。近所に住む変わった人たちや小学校の子どもたちとも友だちになります。それでいて、ベタベタした人間関係には線を引いて、自分なりの生きかたを貫いています。

日記なので、いいことも嫌なことも具体的に書かれていて、読みごたえがあります。マンガ版の『北海島青空日記』（集英社）もあり。

井上ひさし『吉里吉里人』（新潮社、一九八一／新潮文庫）

田舎で生きていくことの「理想」を突きつめた小説です。東北の吉里吉里村が突然、日本国からの独立を宣言します。冗談におもえたその行動は非常に周到なもので、「吉里吉里国」では経済も産業も科学も文化も言語も、すべて独自の制度が用意されていたのです。

人口わずか四千人の「国家」の実態を描くことで、いま我々が生きている日本国の問題をあぶり出しています。はたして、正しいのはどっちの国なのでしょうか……？

刊行から三十五年が経ちましたが、東日本大震災を経て、地方で生きることの意味が高まっているいまこそ、読んでほしい作品です。

なお、著者が生まれた山形県川西町には、彼の蔵書がもとになった図書館〈遅筆堂文庫〉があります。『吉里吉里人』の執筆のために集められた膨大な資料も、ここで見ることができます。

都会に住もうが、田舎で暮らそうが、夢と現実のギャップはつねにあります。自分はどう生きていきたいかがはっきりしている人ならば、どこに住んでも大丈夫なのではないでしょうか。

両親とうまくいっていない

天神ふじこさん（21歳　仮名　福岡）

福岡市で毎年秋に開かれる「ＢＯＯＫＵＯＫＡ（ブックオカ）」は、「福岡を本の街に」を合言葉に、市内の出版社や書店が協力する一大ブックイベントです。二〇〇六年に開始され、トークや展示などを行ってきました。小説に出てくるメニューをカフェで出したり、おじさんが参加する「読みきかせオヤジバトル」など、ユニークな企画が多かったです。昨年（二〇一五年）で十二年目を迎えました。

ブックオカの一箱古本市は、中央区赤坂にある「けやき通り」で開催されます。通りの左右の店の前に最大で百箱近くがずらりと並ぶ光景は壮観です。私は数年ぶりに店主として参加しましたが、ひっきりなしにお客さんが訪れてくれて、一日中にぎやかでした（二〇一六年から「のきさき古本市」に改称）。

一箱古本市にはたくさんのスタッフがいて、店主さんを手助けしています。私もときどき店番を代わってもらいました。その一人が、大学生の天神ふじこさんでした。金髪でボーイッシュ。近年では古本に偏見のない女子が増えたとはいえ、こんな子が入っているとはおじさんはビックリです。

「昨年、はじめてスタッフとして参加しました。店主さんの箱を見て回れるのも楽しいですし、本の話ができる相手がいるのは嬉しいです。みんながエンデの『モモ』を読んでいたりして（笑）。年齢に関係なく仲良くなって、イベントのとき以外にも会うようになりました」

ふじこさんは福岡市に生まれました。父は予備校の数学の講師で、家にはその専門書しかなかったそうです。母は本好きで、図書館で小説を借りて読んでいました。ふじこさんも一緒に通いましたが、「気に入った本は何度も読みたくて」図書館ではなく、書店で本を買うようになります。誕生日のプレゼントは図書カードだったそうです。

「記憶にある最初の本は、福音館書店の『こどものとも』シリーズです。『きょうはちょうどよいひより』（こいでやすこ）は、仲良しのおばあさん三人が動物と話したり、木いちごのジャムをつくったりするのが好きでした。父と一緒に、この絵本にマジックで書き込みをしたり、紙を貼って新しいページを付けたりと、オリジナルの絵本をつくったことを覚えています」

中学一年でイラストレーターおおたうにの『うにっき』シリーズに出会い、東京で生活する大人の女性にあこがれたと云います。その頃から古本屋に行くようになります。ミニスカートで知られるツイッギーの本を手に取り、「こんなに可愛くて新しい女の子がいたんだ！」と思います。そこから一九六〇年代のファッションやカルチャーに興味を持つようになったそうです。

「小学生の頃は、『朝日小学生新聞』に連載されていた山本ルンルンのマンガが好きだったんですが、あれは一九六〇年代っぽかったんだと気づきました。そこから、ローリング・ストーンズ、エリック・クラプトンやフランス・ギャルなど音楽を聴いたり、スウィンギング・ロンドンについての本などを読んだりして、どんどんその世界に入り込んでいったんです」

しかし、学校では彼女の趣味を理解してくれる友だちは少なく、変わった子だと思われていたそうです。部活に入らず、放課後に中心街の天神あたりにある本屋やレコード屋に行っていました。好きなことにすべての時間を費やしていたのです。

高校では受験勉強漬けの日々。その合間にこっそり本を読んでいました。アゴタ・クリストフの『悪童日記』に衝撃を受け、エッセイを読んでジャズ・ミュージシャン菊地成孔のファンになります。美大に行きたかったのですが、父が厳しいこともあって諦めたと云います。まるで、アメリカ映画『ゴーストワールド』（テリー・ツワイゴフ監督、二〇〇一）の少女たちみたいです。

その頃から、けやき通りにある新刊書店〈ブックスキューブリック〉にしょっちゅう通い、宇野亜喜良の画集を注文したりします。「なんだ、この女子高生は？」と面白がった店主の大井実さんが話しかけたことがきっかけで、「ブックオカ」のスタッフになったわけです。

いまは大学で社会経済学を学び、流行について研究しています。本はたくさんありますが、苦労して手に入れた本だし、再読するのが好きなので手放せないそうです。そのため、一箱古本市には店主ではなくスタッフとして関わっています。「本棚を眺めていると幸せですね」と、ふじこさんは笑います。

デザイン塾に通ったり広告会社でアルバイトしたりと、いまは充実した生活を送っているようです。

そんな天神ふじこさんのお悩みは？

「最近、両親とうまくいっていないんです。もともとお父さんっ子だったんですが、大学受験の際に父に意見を押し付けられたことからぎくしゃくした関係になっています。母にも悩みを相談しにくいです」

一人暮らししたい、将来は東京に出たいという希望があるけれど、そういう話を両親とまったくできないそうです。

肉親だけに、いちど気持ちがすれ違うと、なかなか修復できないということはありますね。

今回は親子の愛憎を描いた三冊をご紹介します。

今回処方する本

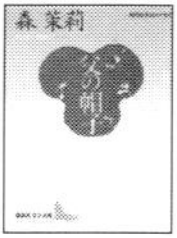

森茉莉『父の帽子』（筑摩書房、一九五七／講談社文芸文庫）

男性作家についてその子どもが書いた回想記は、息子よりも娘のほうが圧倒的に数が多く、しかも傑作が多いです。幸田露伴の娘・幸田文、室生犀星の娘・室生朝子、萩原朔太郎の娘・萩原葉子など。愛情深くても強圧的であっても、父との関係を描くことが娘の自己発見につながるのかもしれません。

本書は、文豪の森鷗外の思い出を描いたものです。幼いころ、彼女はやさしい父に存分に甘えます。

「父が奥の部屋にいる時には、境界《さかい》の唐紙を開けて入っていった。そうして机に向ってなにか書いている父の背中に飛びつき、（略）直ぐに膝に乗り、膝の上で少し飛ぶようにした。父は微笑して、「フン、フン、」と肯くようにしながら、私の背中を軽くたたくのだった」

父の口癖は「おまりは上等よ」でした。母もやさしく美しく、光に包まれたような幼少期を送っています。しかし、茉莉が十六歳で結婚してからは、父との間に「冷ややかな空気」が横たわるようになります。そして、茉莉がパリに住んでいるあいだに父は亡くなります。

森茉莉は五十四歳で本書を刊行し、その後三十年間、作家としての活動を続けます。

還暦で亡くなった父との「交代劇」が持つ意味については、矢川澄子『「父の娘」たち 森茉莉とアナイス・ニン』（平凡社ライブラリー）で論じられています。

角田光代『八日目の蝉』（中央公論新社、二〇〇七／中公文庫）

母と娘の物語ですが、この二人は血でつながっていません。母は不倫相手の妻が生んだ赤ん坊を連れ去り、育てるのです。すべてを捨て、小豆島で二人だけの生活を送りますが、その日々は短いものでした。そして十数年後、成長した娘はどこか「偽の母」を追うように生きるのです。

江川紹子『父と娘の肖像』（小学館文庫、二〇〇六）

父と娘の間にはさまざまなかたちがあるのだと教えてくれます。タレント、スポーツ選手、女優、歌手、作家などとして活躍する女性二十一人に父のことを聞いています。政治家の野田聖子は、こう語ります。

「今まで、父よりも変な人に会ったことがない。そういう人と一緒に暮らしていたから、了見が狭くないというか、いろんな人を心からウェルカムできるし、ある程度打たれ強いんだと思う」

離れて暮らしたとしても、親と子の関係はどちらかが死ぬまで続きます。そのなかで、その関係は少しずつ変わってくるのではないでしょうか。いま、ふじこさんが両親に抱いている気持ちも、ずっとそのままではないと思います。時間が解決してくれることは意外に多いというのが、私の実感です。

お悩み女子

人付き合いがうまくできない

サクマサオリさん（26歳　仮名　東京）

二〇一五年の「不忍ブックストリートの一箱古本市」の会場で面白い箱を見つけました。「お茶の間 草の間」という屋号で、本のほかに新聞記事の切り抜きを十円とかで売っていました。また、手書きの雑誌も並べているのでなにかと訊いてみると、「わたしが小六のときにつくった雑誌なんです」という答えが返ってきました。これは売り物ではないそうです。変わってる……。

店主のサクマサオリさんは、出版社で働いています。後日、改めて手づくり雑誌を見せてもらいました。タイトルは「Ｓｗｅｅｔ＆Ｈａｐｐｙ」で六号まであります。蛍光色のマーカーで手書きされていて、全体にキラキラしています。内容はファッションのことばかり。読者プレゼントや編集後記もあって、雑誌っぽいつくりです。「天地社」という社名まで入っています。当時はやっていたローティーン向けファッション雑誌『ピチレモン』の影響だそうです。家族にも友人にも見せずに、一人でこっそりつくって楽しんでいたとのこと。すごい小学生です。

東京生まれ、両親と弟との四人家族。家には本が少なく、小学校の頃はあまり読んでいません。「一冊読み通すのがめんどくさかった」とのこと。図書館や本屋の思い出もないそうです。

その分、雑誌やマンガが好きでした。『ピチレモン』『ニコラ』『セブンティーン』などのファッション雑誌を買い、『りぼん』の『GALS!』（藤井みほな）が大好きでした。当時の夢は「将来、ギャルになること」。

中高でも教科書に載った小説を読むぐらいでしたが、大学に入って変わったそうです。専攻した教育哲学に関する本を読んだり、ゲーテや谷崎潤一郎、三島由紀夫などを読みます。

卒業後、ある会社の福岡支店に配属されます。仕事の息抜きに、本屋に行くのが楽しみでした。当時福岡で発行されていた、手仕事やものづくりに関する雑誌『手の間』のファンになります。前回紹介した「BOOKUOKA（ブックオカ）」の一箱古本市にも出店しています。

その後、上京して出版社に入ります。自分が面白いと思う雑誌で働けて、いまは充実しているそうです。

最近面白かった本は、小説ではトレイシー・シュヴァリエ『真珠の耳飾りの少女』、ノンフィクションではダニエル・L・エヴェレット『ピダハン「言語本能」を超える文化と世界観』やK・デイヴィッド・ハリソン『亡びゆく言語を話す最後の人々』などフィールドワークをもとに書かれたもの。

「自分と異なる世界に生きる人や、違う考えを持った人の本に惹かれます。読書に面白さよりも心がえぐられる体験を求めているのかもしれませんね」

そんなサクマサオリさんのお悩みは？

「人付き合いがうまくできません。仕事柄、人が多く集まる場に出ることがありますが、そこでどういう風に振る舞っていいかが判らないんです。人と知り合う機会を逃してしまっている気がします」

これは私にもよく判りますね。先日、友人の出版記念会に行ったら百人以上集まっていました。そういうとき、誰に話しかけるか、そのタイミングは……なんてことばかり気にしている自分がいます。二次会に誘われましたが、なんだか疲れて帰ってしまいました。

今回処方する本

山口瞳『礼儀作法入門』（祥伝社、一九七五／新潮文庫）

この機会に読んでおこうかと人付き合い読本の定番である本書を手に取りました。ファンの多い作家ですが、頑固な東京人という感じで、田舎者の私は敬遠していました。

本書はまさに入門書で、「祝儀袋の渡し方」から「結婚式」「病気見舞」「手紙の書き方」「祝辞」「贈りもの」など、社会人生活で誰もが一度は出会うシチュエーションにおける作法が述べられています。執筆から四十年経ったいまでは通じにくい教えもありますが、礼儀作法は相手の気持ちを思いやることだという言には納得させられます。

ただ、「パーティーの客」の項で、「社交というのは、すでにして半分はビジネスであるから、他人からの印象を悪くするということがあってはいけない。（まあ、普通にふるまっていればいい）」とあると、自分は普通じゃないんだと突き放されたような気持ちになります。これが、私が山口瞳を苦手な理由かもしれません。

それにしても、この文章を書いているときの山口瞳は四十八歳。いまの私の年齢です。

つくづく自分はオトナじゃないなあと思います。

綿矢りさ『勝手にふるえてろ』（文藝春秋、二〇一〇／文春文庫）

サクマさんや私が「そうそう、こうなるんだよ！」と共感してしまう場面があります。主人公のヨシカは中学時代に片思いしていた男と再会し、友人宅での鍋パーティーに出ます。そつなく楽しく振る舞うことができないヨシカは、この場でも浮いています（少なくとも、本人はそう感じています）。

好きな彼が別の女と話し込んでいるとき、どうしたらいいか判らなくなったヨシカはひとりでイラストを描きはじめるのです。しかも、そのあと彼から話しかけられるというビッグチャンスもあっさり流してしまいます。

本作は、二〇一七年に大九明子監督で映画化されています。

星野博美『島へ免許を取りに行く』（集英社インターナショナル、二〇一二／集英社文庫）

過剰な自意識を抱えて、辛い思いをしている人には、ぜひ読んでほしいです。

ノンフィクション作家の著者は、人間関係からの疲れと愛猫の死をきっかけに、運転免許を取ろうと、長崎県五島列島にある自動車学校に合宿します。あとから入学した若者が卒業していくなか、一向にうまくならない著者は「寮長」と呼ばれる古株になってしまいます。

著者はこんなところに来なければ、一生会わなかったであろうギャルや教官たちと灯台まで遠足に出かけます。「この時間は二度と戻らない」からこそ、その場面は美しいのです。

「東京で人との距離のとり方がまったくわからなくなってしまった自分と、彼らは先入観なしで付き合ってくれた。互いのことを何一つ知らない人たちと関係性を築けたことで、彼らからほんの少し勇気をもらった。(略)彼らこそ、私の救世主だった」

島を出るとき、著者はこう感謝します。

人付き合いを自然に楽しそうにできる人を見ると、うらやましくなります。でも、人付き合いが下手そうでも魅力的な人はたくさんいます。せめて、そういう人に私はなりたい、ですね。

文章で気持ちが伝わるか不安

中川なぎささん（32歳　新潟）

新潟市に沼垂という地区があります。「ぬったり」と読みます。『日本書紀』にも「渟《ぬ》足柵《たりのさく》」として出てくるそうです。新潟駅の東側、古《こ》信濃川に面していて、古い神社やお寺とたくさんの小路がある町です。

そのひとつ、石井小路に昔の市場があります。かつてはにぎやかだったそうですが、市場も開かれなくなって何年も経ちます。しかし、その空き店舗で店をやりたい人を募集したところ、次第に埋まっていき、いまでは二十五店舗もが並ぶ「沼垂テラス商店街」として再生したのです。

私がはじめて訪れたのは、まだ半分ぐらいは空いていた頃です。そのとき入った〈ISANA〉は、半分が喫茶店、半分が家具と染め織り布の展示販売という変わった組み合わせの店でした。店主らしき若い女性がニコニコと応対してくれ、普段は店の人とあまり話さない私も、すっかり長居してしまいました。

それが、今回登場していただく中川なぎささんです。この店はなぎささんと、ご主人の「まーくん」こと雅之さんで営んでいます。まーくんは家具をつくり、なぎささんは染め織り布をつくりコーヒーを淹れます。この店のほか、郊外に家具工房もあり、そちらも素敵な場所です。

なぎささんは新潟市生まれ。家族は自営業の父、母、兄、二人の弟。兄弟が男ばかりのせいで、小さい頃から外に出て遊ぶのが好きでした。その一方で、本を読むのも好きで、家の押し入れの中にある棚には、子ども向けの本が並んでいました。

「覚えている絵本は『からすのパンやさん』(かこさとし)です。何度も読んで、好きなパンにマルを付けてました(笑)。小学生のときも、お菓子などのレシピが載った本が好きで、実際にはつくらないのに、材料やつくり方を見てワクワクしていました」

小学校の図書室は好きな場所でした。ここで借りた本は、ミヒャエル・エンデの『はてしない物語』や『モモ』、世界の七不思議についての本など。本屋ではじめて買った文庫本は、ルイス・キャロル『不思議の国のアリス』で、宗田理の『ぼくら』シリーズも全部読みました。冒険ものや謎めいた本が好きだったのです。

中学校のときは、一人になれる図書室が好きでした。ここでいつも眺めていたのが、レオポルド・ショヴォー、出口裕弘訳『年をとったワニの話』で、版画的な絵や堀内誠一による横長の装丁が好きだったそうです。最近になって、古本屋で手に入れて大事にしています。

高校卒業後、新潟大学に進学。そこでまーくんと出会います。卒業後は市内の会社に就職しますが、三年後にやめて、「もともと好きだった着物や布の仕事をしたい」と奈良県の染織工房の研究生になります。そこで染色を学びながら、喫茶店で働きます。布とコーヒーという、いまの仕事のかたちにつながります。

奈良の家具工房に入ったまーくんと同居し、結婚。京都暮らしを経て、新潟で店をやることに決めます。沼垂という場所が気に入って、すべて手作業で店づくりを進め二〇一一年十一月に〈ISANA〉をオープンしました。

最近では、新潟の本好きが集まる〈北書店〉にときどき足を運び、装丁が気に入った詩集を買っているそうです。

一番大事にしている本は、国立民族学博物館での「世界大風呂敷展」の図録。「布の素材や年代、使いかたなどが解説されていて、とても大切な本です」とのこと。

開店から四年半が経ち、二人だけで営んでいたこれまでの仕事のかたちを、少しずつ変えていきたいと、なぎささんは考えています。

そんな中川なぎささんのお悩みは？

「メールやSNSなどで文章を書くときに、自分の気持ちが伝わっているかどうか不安です。感じたことを書こうとすると時間がかかってしまい、なんだかかしこまった文章になってしまいます。話をするように書けたらいいのですが」

店を営む人にしてみると、イベントなどについての情報を告知するだけでなく、店や仕事に対する気持ちをお客さんに伝えたいという欲求があるのかもしれませんね。

今回処方する本

森見登美彦『恋文の技術』（ポプラ社、二〇〇九／ポプラ文庫）

パソコンや携帯でテキストを打つ機会が増えましたが、手書きで手紙を書くことはすっかり少なくなりましたね。いわんや、恋文なんて。

能登半島の実験所にとばされた大学院生が、京都にいる仲間に向けてやたらと手紙を書きまくります。恋に悩む友人や、家庭教師で教えていた少年、大学院の女傑らに、「万事が停滞する青春の腐臭に包まれる」日々を綴り、妄想を爆発させます。すぐにレスポンスのあるメールでなく、タイムラグを余儀なくされる手紙だからこそ、思い切ったことが書けるのかもしれません。こういう書簡体小説は、最近再評価されている『三島由紀夫レター教室』（ちくま文庫）などいくつもあります。

およそ意味のない手紙を何十通も書いた末に、主人公はついに自身の恋文に着手します。

「何遍も何遍も恋文を書いては破き、書いては破いているうちに、俺は文章というものが何なのか分からなくなってきました。（略）俺たちは自分の想いを伝えるために文章を書くというように言われます。だがしかし、そこに現れた文字の並びは、本当に俺の想いなのか？（略）自分の想いを文章に託しているのか、それとも書いた文章によって想いを捏造しているのか」

都築響一『夜露死苦現代詩』（新潮社、二〇〇六／ちくま文庫）

ぐだぐだと悩んで書く文章もあれば、伝わるかどうかが問題じゃない。とにかくオレの言葉を聞いてくれ！　という熱い文章もあります。

認知症患者のつぶやきや死刑囚の俳句、点取り占いやネットのエロ広告の無意識過剰な文章、改造学生服に刺繍されたメッセージや、ラップ・ミュージックで繰り出されるリリックなど、文学の文脈では評価されない言葉を採集し、それを紡いだ人たちに話を聴いています。

ここに出てくる言葉も素晴らしいのですが、既存の物差しで対象を測らずに、言葉に真摯に向き合う著者の姿勢がいいのです。とくに、「結局のところ、好きなものじゃなくて、いちばん嫌いなものの中にこそ、リアリティは隠れてるってことなのかもしれない」という一文にはグッときました。

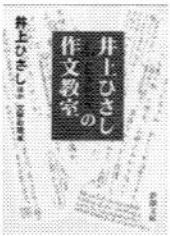

井上ひさしほか、文学の蔵編『井上ひさしと141人の仲間たちの作文教室』（本の森、一九九八／新潮文庫）

古今の多くの作家が「文章読本」とつく著書をものしていますが、感心はするものの、むしろ書くことへのハードルが上ってしまいます。しかし、本書を読むと「こういう文章を書いてみたい」という気持ちになるのではないでしょうか。

岩手県一関市で三日にわたり開かれたこの教室で、井上さんは「自分にしか書けないことを、どんな人でも読めるように書く」のがいい文章だと云います。その上で、原稿用紙や句読点の使いかたなど基本的なことから、日本語の特性をふまえて、文章を書くときのコツを伝授します。とはいえ、決して押しつけがましくなく、素人の生徒が書いた文章にも誠意をもって接しています。本当にこの人は、文章を書くこと、読むことが好きだったんだなあと思います。

私もいちおう書くことを仕事にしていますが、「──なので」「──だから」は、そのあとに「理由」を云わなければならず、文章が間違った方向に流れるので使わない方がいい、という指摘には、目からウロコが落ちました。

今回のお悩みにあわせて、文章についての本を読んでみて、私自身、惰性で文章を書いている部分があったことに気づきました。時間や手間はかかっても、毎回新鮮な気持ちで書くことに向き合っていくことが必要なのでしょう。

お悩み女子

他人に振り回されてしまう

北上わたるさん（44歳　仮名　宮城）

東日本大震災で最大の被災地となった宮城県石巻市。私は二〇一二年から、年に何度か、この地に通っています。

震災後に私も呼びかけ人になってはじめた「一箱本送り隊」の企画で、石巻の商店街で一箱古本市を開催したことがきっかけで、「町なかに本のある場所をつくろう」と二〇一三年夏に〈石巻まちの本棚〉を設立。元新刊書店だった建物に、セルフビルドで木材を組み込み、千冊以上を並べました。借りて帰ることも、その場で読むこともできます。トークや展示などのイベントも行なっています。

北上わたるさんは、この〈まちの本棚〉の準備段階から関わり、いまではスタッフとして店番をしてくれています。この場所にいる時間が一番長いこともあり、最近は「店長」と呼ばれています。

出会った頃は、云いたいことを言葉にできずもじもじしていた彼女も、最近は自分の意見をはっきり出すようになりました。昨年秋には、我々と同じような民間図書館の活動を報告する「マイクロ・ライブラリーサミット」に一緒に参加しました。

両親とも石巻生まれで、本人も石巻で生まれ、育ちました。三人姉妹の真ん中。父は高校で数学を教えていました。母はパッチワークの講師。

父は本好きで、自宅には棚からはみ出すほどの本がありました。いま〈まちの本棚〉になっている〈躭《たん》書房〉にしょっちゅう通っていたそうです。その場所でいま、娘が店番をしているというのは奇縁ですね。父は病気のため六十八歳で亡くなる直前まで、車いすで本屋に行っていたそうです。

姉も本好きで、『ナルニア国ものがたり』（C・S・ルイス）などの長い物語にハマると、面白かったところを北上さんに話してくれました。その解説を聞いて、面白ければ読んでいたそうです。

北上さんの記憶に残る最も古い本は、『ポッケにいつもお星さま』（小椋佳・編著、永田萠・絵）です。「保育園を卒業するとき、先生からもらいました」。母には小学館の『ママお話きかせて』シリーズを読んでもらったことも覚えています。

小学生のときは、叔母の家にあった昔の少女マンガを読むのが好きでした。中学になると、本屋で見つけた白土三平の『サスケ』の絵柄に惹かれ、古いマンガを少しずつ集めるようになります。そういえば、石巻には石ノ森章太郎の記念館である〈石ノ森萬画館〉があります。

高校では、国語の教科書に抜粋されていた夏目漱石や芥川龍之介を読むようになります。また、クラスの女の子がシャーロック・ホームズが好きで、読む順番まで指定して貸してくれました。

「わたし自身が何かに熱中する方ではないので、専門的なもの、マニアックなものにこだわる人の話を聴くのが面白いです。自分の知らない世界を見せてくれる感じです」

仙台の短大の被服科を経て、東京の文化服装学院に入り、卒業後、東京で縫製の仕事に就きます。十数年、東京で暮らしたのち、父の病気をきっかけに二〇〇八年に地元に戻ってきました。町のなかに何軒もあった本屋がひとつもなくなっていることに、寂しさを感じたそうです。

二〇一一年三月十一日は、母と二人で橋の上に逃げて、助かりました。家は流されなかったものの父の本は水浸しになり、北上さんが集めていたマンガの本は流されてしまいました。「その後しばらく、生活していても何か取ってつけたような感じでした。いままでの自分がどうだったのか判らなくなっていました」と、北上さんは当時を振り返ります。

このままではよくないと思っていた頃、石巻で一箱古本市が行なわれることを知り、自宅を片付けて出てきた本を持って出店しました。その後、〈まちの本棚〉設立に向けての茶話会に参加し、いまに至ります。

「まちの本棚のスタッフとして、トークや展示などの企画に関わることで、さまざまな本を読むようになりました。改めて本って面白いと思います」

そんな北上わたるさんのお悩みは？

「他人に勝手に振り回されてしまいます。八方美人なので、なんでも他人に合せてしまうんです。自分を軸にしたいんですけど、うまくいきません」

勝手に、というのは、向こうは意識していないのに、こちらが一方的に振り回されてしまうというニュアンスでしょうか。

今回処方する本

新田次郎『アラスカ物語』（新潮社、一九七四／新潮文庫）

取材後、北上さんが津波の被害を逃れた父の本棚の写真を送ってくれました。その中に本書がありました。石巻にゆかりの深い小説です。

明治元年に石巻に生まれた安田恭輔は、十五歳で両親を失い、故郷を離れて外国航路の見習い船員となります。アメリカに渡り、沿岸警備船ベアー号のキャビンボーイになり、フランク安田と呼ばれます。この小説は、アラスカの氷に閉じ込められ、食糧危機に瀕した船から助けを呼ぶため、フランクがひとり雪原を進む場面からはじまります。

フランクはこの事件で出会ったエスキモーの人たちと仲良くなり、彼らと一緒に生きることを決意します。言葉も習慣も異なる人々に溶け込み、エスキモーの女性と結婚します。そして、白人が鯨を乱獲したことにより、それまでの生活を変えざるを得なかったエスキモーの先頭に立ち、新天地をめざすのです。

作者・新田次郎はこの作品を書くためにアラスカに滞在し、その後、石巻も訪れました。その取材記にこうあります。

「やはり恭輔は気が強い男だったのだなと私は思った。意志が強くなければ、あれだけのことはできなかったはずだ。ただ、その意志の強さを人の前では表さなかった。彼は東北人らしいねばり強さときわめて謙虚な姿勢でその生涯をおし通した」

作中には、一度も故郷に帰ることのなかったフランクが、石巻の風景をおもう場面があります。それは、とても美しい描写です。

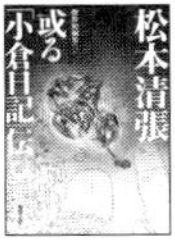

松本清張「或る「小倉日記」伝」（『傑作短編集（一）』新潮文庫、一九六五）

意志の強さが成功を導くとは限りません。松本清張は、執念にとり憑かれた人々を好んで描いてきました。それは、清張自身が執念のひとだったからでしょう。

「或る「小倉日記」伝」の主人公は、小倉に住んでいた時代の森鷗外の足跡を追った田上耕作です。耕作は子どもの頃から体が不自由で、言葉もうまく話せませんでした。すぐれた知性を持っていただけに、彼は世間の目にコンプレックスを感じていました。しかし、知られざる文豪の足跡を追うことが、自分にしかできない仕事になっていきます。母もそれを助けます。

心ない人から「そんなことを調べて何になります？」とあざ笑われ、絶望に陥ることもありました。それでも耕作は調べつづけ、衰弱して亡くなります。

どんなことでも、一生を賭けるだけのものを得られるひとは、幸せなのではないでしょうか。

植本一子『かなわない』(タバブックス、二〇一六)

最後に、現在進行形で揺らぎながら、前に進んでいる女性の本を。植本一子は写真家で、ラッパーECDの妻です。二人の小さな子と夫と暮らす日々を、ブログに綴った本書は、けっして淡々とした日記本ではありません。

子育てのストレスと仕事ができない不安を繰り返し訴える前半、仕事を再開し多くの人と交わる狂乱的にと云っていいほど活動的な中盤、そして夫や娘と「好きな人」との間で引き裂かれ精神的な危機に陥る後半と、どこを読んでいても、ヒリヒリと痛いです。それでも、途中で読むのをやめることはできませんでした。

それは、不安定なものを抱えながらも、世間体や常識で取り繕うとせず、自分をさらけだして生きていこうとする意志が、伝わってくるからです。

「私は私のことを人に知ってほしい。ただそれだけなのかもしれない。結婚したら何か自分が変われると思っていた。子どもを産めば何か変わると思っていた。でも自分の根底にあるものは全く変わらず、結局それに突き動かされて生きている、写真を撮っている。

それは何なんだろう。変わりたいと思っていたけれど、変わらなくていいところもあるのかもしれない。無くしてはいけない大事なものがある。それに苦しめられ、それに生かされている」

意志の強い生き方をした人には、私も憧れを抱きます。そうできない自分に引け目を感じた時期もあります。でも、年を重ねてみると、優柔不断さも自分をかたちづくってきた要素なのだと気づきました。北上さんと付き合ってみて、彼女は、人の話を聴くことがとても好きなのだと思いました。そういう自分を、もっと楽しんでみてはどうでしょうか。

お悩み女子

ゆっくりがんばったらダメ？

古月さん（19歳　仮名　東京）

二年前、私たちが運営している不忍ブックストリートに、「助っ人さん」への一通の応募メールが届きました。本書でも何度か触れていますが、助っ人さんというのは、毎年春に谷根千エリアで開催する一箱古本市を手伝ってくれるひとのことです。

毎年五十人以上が応募してくれるのですが、そのメールに私たちが驚いたのは、それが中国からのメールだったからです。その時点では男女も年齢も判らなかった差出人は中国の広州在住で、四月から日本に留学するそうです。上手な日本語で「古本好きで、人と交流する機会も増やしたい」ので参加したいと、書いてあります。

しばらくして、助っ人さんの集会に登場したのは、小柄で明るい女の子。まだ十七歳だと云います。日本語も上手に話します。それが古月さんでした。

彼女は日本語学校に通い、翌年には美術大学に入学しました。そして、三年目の今年（二〇一六年）も一箱古本市の助っ人さんをしてくれました。今年は同じ学校の友達が三人も、彼女に誘われて助っ人さんになりました。

古月さんは中国南部の広州市で育ちました。両親とも教師で家には父の本が多くあったそうです。その後、両親は離婚し母と二人暮らしになります。

小学校の頃は、母からも先生からも「本を読め」と云われました。学校では読書感想文の宿題が多かったそうです。母からは論語を毎日一節覚えるように云われ、そのご褒美にもらうシールを集めると遊ぶ権利がもらえたそうです。「もう全部忘れました」と、古月さんは笑います。

強制的に本を読まされたことで、マンガを読んだりアニメを観たりするようになります。ディズニー作品や『ドラえもん』、香港で流行していた『老夫子《ラオフウジ》』（アルフォンソ・ウォン）（三人のおじさんが活躍する話）などを読みます。台湾の絵本作家、幾米《ジミー》（ジミー・リャオ）の『布瓜的世界』（日本版『ナゼニ愛ハ…？』二〇〇五）も好きでした。

中学生では、アニメから日本文化に興味を持つようになり、夏目漱石、森鷗外、村上春樹、渡辺淳一らの中国語訳を読みます。

「当時のわたしにはまだ難しかったです。ただ、芥川賞を受賞した青山七恵の『ひとり日和』や、ネット発の『電車男』は、現代的な言葉づかいで読みやすく、カバーデザインも気に入りました。太宰治の『人間失格』のように、読んだあと自分の中に何かが残る本が好きなんです」

その頃から、日本への留学を志し、日本語の勉強をしはじめます。

高校に入ると、哲学や歴史の本も読みました。中国では、欧米やアジアの古典が新刊として刊行されています。また、新刊などをダイジェストで紹介する雑誌『読者』も愛読したそうです。

一方では、小学校のときからみんながパソコンを使いこなすデジタル・ネイティブ世代でもあり、古月さんもタブレットで好きなイラストを描いてきました。

日本に留学し、現在は美術大学で視覚伝達を専攻しています。将来は、本のデザインやイラストの仕事に就きたいそうです。読みたい本はどんどん増えていて、最近面白かったのは、フローベールの『ボヴァリー夫人』。長い間読まれてきたクラシック（古典）を読んでいきたいそうです。「日本の大学生は、あまりクラシックを読みませんね」とも。雑読ばかりの私も耳が痛いです。

そんな古月さんのお悩みは？

「人は自分の能力を世間に証明しなければならないのでしょうか？　自分なりに、ゆっくりがんばったらダメでしょうか？」

社会に出るために、自分の好きなことや理想を犠牲にすべきかどうかで、悩んでいるそうです。理想に燃える若者らしいお悩みです。

日本も中国も、近代以降、社会で成功し、「立身」することが義務とされ、それを方向づけるために教育も行なわれてきたと思います。しかし、そういった上向きをめざす生きかたとは、まったく異なる生きかたを選んだ人たちもいます。

今回処方する本

水木しげる『ねぼけ人生』（筑摩書房、一九八二／ちくま文庫）

『ゲゲゲの鬼太郎』で知られる漫画家の自伝です。水木さんは二〇一五年に亡くなりましたが、多くのマンガ作品やエッセイを残してくれました。

この本は、鳥取県境港でガキ大将として過ごした少年時代、命からがらジャングルを逃げ回った軍隊時代、戦後復員し、貧乏のどん底で紙芝居や貸本マンガを描いた時代を回想しています。水木さんの文章には、過酷な体験を語っていても、どこかのほほんとしたユーモアがあります。それは、水木さんが出世や成功にまったく関心を示さず、好きなことだけをやってきたからではないでしょうか。

ラバウルの戦地で、水木さんは原住民と仲良くなり、彼らの暮らしかたに憧れを抱きます。

「必要以上にうまい物を食べようとしたり上等の服を着ようという野心さえおこさなければ、昼寝をしてくらせる。これが楽しいのだ」

宮本常一『家郷の訓《おしえ》』（三国書房、一九四三／岩波文庫）

こちらの舞台となる山口県の周防大島は、南方の楽園のように豊かな土地ではありません。瀬戸内海に浮かぶ風光明媚な島ですが、土地は痩せていて、人々は島の外に出稼ぎに行かざるを得ませんでした。

民俗学者の宮本常一はこの島で育ち、祖父母や両親からさまざまなことを教えられます。それらは、学校で学ぶこととは異なり、島の共同体で生きていくための知恵でした。神様に祈るというような、何でもないようなことでも、その根底には深い意味がありました。

集まって共同で飲食する「タノモシ」について、著者はこう書きます。

「娯楽は都会人にとっては個々がたのしむことのように考えているけれども、村にあっては自らが個々でないことを意識し、村人として大ぜいと共にあることを意識するにあるのであって、これあるが故にひとり異郷にあっても孤独も感じないで働き得たのである。帰れば家郷に多くの親しき人がおり、それが自分を迎えてくれることが分っていることが自らの意を強くさせたのであり、盆正月に帰郷してのこの数々の会食は全く交情をあたためるためのものであった」

こうして、島の暮らしは祖父母から父母へ、そして息子や娘へとゆっくり受け継がれてきました。しかし、戦後の社会構造や価値観の変化によって、いまの私たちはこういう意識を持てなくなってしまっています。そのことが悲しいです。

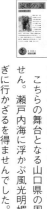

『中谷宇吉郎　雪を作る話』（平凡社〈STANDARD BOOKS〉、二〇一六）

粘り強く研究をつづけた学者の本で、物理学者の中谷宇吉郎が書いたエッセイが収められています。

中谷は北海道帝国大学にいた頃から、雪の研究をはじめました。雪の結晶を採集し、その構造を調べるために、何度となく十勝岳に通っています。

「本統の科学というものは、自然に対する純真な驚異の念から出発すべきものである。不思議を解決するばかりが科学ではなく、平凡な世界の中に不思議を感ずることも科学の重要な要素であろう」（「簪を挿した蛇」）と、中谷は云います。

雪の研究は、即座に利用される発見でも、最先端の理論でもなかったでしょう。しかし、中谷らがコツコツとつづけた研究は、のちの物理学研究に大きな影響を与えました。

なお、STANDARD BOOKSには、中谷の師である寺田寅彦や、数学者の岡潔ら、科学者の書いた文章がひとり一巻に編集されています。科学的精神を知るために最適のアンソロジーだと思います。

中国でも日本でも、世の中はますます早く、複雑になっています。そんななかで、古典を読み、本質的なものを見つめる人は、時間はかかっても、きっと、どこかに到達すると思います。

やせたいけど食べてしまう

石川夕佳さん（37歳　福岡）と大庭さや加さん（37歳　福岡）

北九州市の小倉駅を降りると、駅の南側に魚町銀天街という長い商店街があります。うどん、ラーメン、チャンポン、焼うどんなどの麺類の店をはじめ、さまざまな飲食店や喫茶店、居酒屋、角打ち（酒店のカウンターでの立ち飲み）などがズラリと並び、どこにも立ち寄らずに通り抜けるのは困難を極めます。

当然、その日もカレーを食べたあと、ラーメン屋に寄ってしまいました。これから取材でも食べるというのに……。この街に来ると、どうも食いしん坊になってしまうのです。

この魚町の中に、「メルカート三番街」があります。一九六八年建築の中屋ビルが、若い建築家たちによってリノベーションされ、カフェやギャラリーなどが入居しました。このビルを中心にさまざまなまちづくりの試みが行なわれ、ここで開催されるリノベーションスクールには全国から人が集まります。

そのビルのらせん形の外階段を登った二階に、〈水玉食堂〉があります。「食堂」と名乗りながら、出てくるのはいわゆる「カフェめし」という店が結構あるなかで、この店はきちんと定食を出しています。この日のメニューは、鶏肉とキノコの和風バターソテー。もう腹いっぱいなのだけどと思いながら、美味しいので全部食べてしまいました。店名通り、ご飯は水玉の茶碗で出てきます。

この店は、石川夕佳さんと大庭さや加さんの二人が営んでいます。中学校と高校の同窓でしたが、仲良くなったのは予備校に通っていたときだそうです。その後、看護師として働いていた石川さんが「食べ物に関わる仕事をしたい」と、市民会館に勤めていた大庭さんを誘って、二〇一一年六月にこの店をオープンしました。

石川さんは頼れるお姉さんといった感じ。メニューは彼女が考えます。おだやかな大庭さんは、飲み物担当。

店内には小さな本棚があり、そこには食や生活に関するリトルプレスが並んでいます。これは石川さんが選んで並べたもの。手に取って眺めるお客さんも多く、「何を読まれているのかを見るのが楽しみです」と石川さん。店からほど近い商店街では、春と秋に「とほほん市」という一箱古本市も開催されています。また、二〇一四年にはビル内にZINEやリトルプレスを扱う〈ナツメ書店〉もオープンし、自然と水玉食堂に本好きが集まるようになっているのです。

石川さんは福岡県田川郡生まれ。小さいころから本が好きだったそうです。「よく覚えているのは、目の悪いオバケが眼鏡を掛けたら世界が明るく見えるという絵本。お祭りの場面でアメを食べているのが好きでした」。『からすのパンやさん』（かこさとし）、『こまったさんのカレーライス』（寺村輝夫・作、岡本颯子・絵）と、やっぱり食べ物が出てくる絵本がお気に入りだったとか。

小学校の頃は、町の図書館に通ってホームズ、ルパン、マガーク探偵団などの推理ものを読んだり、料理の本を見てお菓子づくりをしていました。誕生日には図書券をもらって、好きな本を買います。高校の頃は「どうしてそんな事件が起こるんだろうと思って」、犯罪心理の本を読みふけりました。

医大では精神看護を専攻し、病院に勤務します。当時は夜勤明けに、書店を数軒ハシゴして気分を切り替えていたそうです。

店を開いてからは、やはり食まわりの本を読むことが増えました。高山なおみの『日々ごはん』シリーズを繰り返し読み、魚柄仁之助、平松洋子、いしいしんじらの本も好きだとのこと。

「自分でつくったことのない料理が出てくると、どんな味なんだろうと気になりますね。真似してつくってみて、店のメニューに加えることもあります」

一方、大庭さんは北九州市の生まれ。「子どもの頃は本には興味なかったですね」と笑います。テレビっ子で刑事ものやサスペンスのドラマが好きだったそうです。

中学で通学時間が長くなったことから、本屋に寄るようになり、赤川次郎や内田康夫のミステリを読むようになります。高校から大学にかけては、京極夏彦にハマります。「関係なさそうな要素も全部つながっていく快感がありました。自分でもこんなに厚い本を読むようになるとは思いませんでした（笑）」

最近では古本屋に行くことも増え、横溝正史の単行本を買って読んでいます。「横溝は好きなんですが、あの角川文庫の杉本一文さんのカバー絵が怖くて……。いつかは、金田一ものの舞台になった岡山県で開かれている「1000人の金田一耕助」というコスプレイベントに参加したいです（笑）」

二人は店から数分のところで、一緒に暮らしています。毎朝、小売店の並ぶ旦過《たんが》市場を通り「今日は何の料理にしようかな」と話すそうです。

そんなお二人の共通のお悩みは？

「仕事でも私生活でも、食べることが中心になっています。やせたいけど、つい食べてしまうんです」

たしかに、二人とも食べるだけじゃなくて、お酒を飲むのも大好きのようです。しかし、それを私に訊かれても……。そんな解決策あったら、とっくにやせていますよ。それに読んでいて食べたくなる本はたくさんあっても、その逆は難しいんだよな。ダイエット本なんて読んだことないし、などとぼやきつつ、なんとか選んでみました。

今回処方する本

筒井康隆「乗越駅の刑罰」（初出一九七二／『懲戒の部屋　自選ホラー傑作集1』新潮文庫）

食事という行為のグロテスクな面を描かせたら、筒井康隆の右に出る人はいないでしょう。たとえば、「最高級有機質肥料」ではスカトロジーを、「定年食」ではカニバリズムを描いています。どちらも、最高に後味が悪いです。

この本は七年ぶりに故郷に帰ってきた作家が、うっかり切符を買い忘れたことから、駅員らから壮絶ないじめに遭います。登場人物か増えるたびに、そのいじめはエスカレートしていき、最後に登場するのが「煮えくり返った猫のスープ」なのです。

強烈すぎるその場面しか覚えていなかったのですが、読み返してみると、社会的に成功した（と自覚している）主人公が、故郷を捨てた「原罪」によって復讐されるという構図は、多くの人の心の底にある恐怖なのではないかと感じました。

藤原辰史『食べることと考えること』（共和国、二〇一四）

農業史を研究する著者が戦車、有機農業、牛乳などさまざまな題材から「食べ物と人びとの生活との繋がり」を考察した本です。専門的な内容を含みつつ、文章は読みやすく示唆的です。
なかでも大学生の頃から通っているという町の中華料理屋について書いたエッセイがいいです。食が産業化されることで「台所が小さな「工場」になり、食の技法が化学反応過程になる」。その状況に「小さな食の空間」を対置しています。それがただのノスタルジーでないことは、フードコートに食の公共空間としての可能性を見出していることでも明らかです。

雑賀恵子『空腹について』（青土社、二〇〇八）

幸せをもたらす食ではなく、むしろ不幸と分かちがたく結びついた食がテーマです。残飯、餓死、食人など、極限の食の状況が描かれます。

たとえば、戦前の日本で、軍隊や学校から出た残飯が、貧民窟で売られていたことについて、著者はこう書きます。

「ひりつくような空腹の欲望は、残飯をモノとしてみる視線を支え、その視線の集積が、カネの世界とモノの世界の狭間で残飯をカネの世界に引き戻し、商品とする残飯屋を生み出してきた。それはけっして、「分かち合い」の原理が根底にある共同体とはならなかったけれども、しかし、辛うじて都市の中に異物の塊としての貧困者が存在することを可視化させていた。けれども、現在、わたしたちの空腹は、もはやモノをそれそのものとしてみることをさせるほど、野生的ではない」

別の個所では、「空腹」の感覚が判らないという若い人が多いとあります。

しかし、貧困母子家庭を救うための「子ども食堂」が各地で増加しているように、「不幸な食」は、目に見えないところで広がっているのかもしれません。

非日常的な食についての本を読むと、食への嫌悪感が高まって、少しはやせるかなと思ったのですが、むしろ、普通に食べることのありがたさが身に染みて、ご飯を美味しくいただいてしまいました。やっぱり、この悩みへの回答者としては失格だったようです。

お悩み女子

上の世代との付き合いかたが判らない

貝塚もすさん（25歳　千葉）

千葉県の佐倉市は、東京都心から一時間ほどのところにある城下町です。佐倉城址公園や国立歴史民俗博物館など、見どころも多いです。京成とＪＲのほぼ中間にある新町という古い町並みで、今年（二〇一六年）三月に「佐倉城下町一箱古本市」が初開催されました。

会場のひとつであるゲストハウス〈おもてなしラボ〉には、県内全域からの参加者が箱を出していました。その中に、ふしぎな帽子をかぶった若い女性の姿がありました。聞けば縄文土偶の帽子とのこと。屋号も「筋肉ピーチ味」という変わったもので、本の並びもなんだか面白かったです。

「土偶も好きなんですけど、貝塚も好きなんです。千葉市にある加曾利《かそり》貝塚は、縄文時代の貝塚で日本でも最大規模のものなんですよ。そこのキャラクターが「かそりーぬ」といって、とってもカワイイんです！」

と力説するのは、店主の貝塚もすさん。どこか遠い話のおとぎ話のようで、その場ではまったく頭にはいらなかったので、後日、改めて彼女に会って話を聴きました。

もすさんは千葉県生まれ。両親ともに教師で、家には本がたくさんあったそうです。

「小さいころから自然に本を読んでいました。父の本棚にあった仏教や哲学の本にも手を伸ばしています。クリスマスのプレゼントはいつも本でした」

記憶に残る最も古い本は、ブレーメンの音楽隊の絵本。何度も読み返しましたが、「最終的にはページをハサミで切ってしまって、母に怒られました。なんでそんなことをしたのか、自分でも判りません（笑）」

小学一年のときに事故でひじを骨折し、外で遊べないために、学校の図書室に通うようになります。それがきっかけで、卒業するまでにそこの蔵書を読み尽すまでにいたります。特に好きだったのは、『忍者かげろうの風太』（二反長半《にたんおさなかば》・作、大古克己《おおふるかつみ》・画）。ページ数が多くて読みごたえがあったそうです。歴史の面白さを教えてくれた物語でした。ほかには、『かいけつゾロリ』シリーズも読んでいます。

中高ではバスケットボール部に所属。部活と受験で、本を読む暇がなくなりますが、母が好きだった宮部みゆきは、ほぼ全作読みました。

中学の頃に土地の契約書を見て「こんな決まりが世の中にあるのか」と驚き、法律を学びたいと思っていたもすさんは、大学では法律学科に入り、大学の図書館で法律書や心理学の本を多く読みました。

卒業後は、千葉県の公務員として働いています。社会人になってからは、職場での悩みもあって、人間関係についての新書をよく読むようになりました。

加曾利貝塚のことを知ったのは、二〇一四年、千葉市が「かそりーぬ」を加曾利貝塚PR大使に任命したときです。かそりーぬは「加曾利E式土器」を頭にかぶり貝の首飾りをかけた犬のキャラクターです。

「カワイイのにあまり注目されていないのがもったいないと思って、有志でかそりーぬのイベントをやるようになりました」

そこから貝塚や縄文時代に興味が湧き、『はじめての土偶』などを読みます。考古学は遺跡から当時の人々の生活を推理したり、世界各地で比較対照したりするところに面白さがあると感じているそうです。

佐倉の一箱古本市には、姉と友人の三人で参加。意外な本が売れることに驚いたと云います。

「いずれは、加曾利貝塚でも本のイベントができたらいいなあ」と云うもすさん。パワフルな行動力で、本当に実現してしまう気がしますね。

そんな貝塚もすさんのお悩みは？

「職場の異動で、お年寄りと関わる機会が増えました。昔話をされたり、説教されたりすることが苦痛です。上の世代との付き合いかたが判らないんです」

世代間のギャップは、いつの時代でも悩みの種ですね。ウソかホントか知りませんが、古代の遺跡に「近ごろの若い奴は……」という文字が残されていたという話を聞いたことがあります。

ただ、好きなものが共通していれば、世代なんか軽々と飛び越えてしまうのも事実です。

今回処方する本

ながさわたかひろ『に・褒められたくて　版画家・ながさわたかひろの挑戦』（編集室屋上、二〇一六）

ヘンな本です。著者が好きなミュージシャン、タレント、芸人、映画監督にアポなしで会いに行き、「あなたを描かせてください！」と頼み、完成した版画を持って再び会いに行くという行為を記録しています。

ながさわさんのことを相手は知らないし、絵を描く約束なんて忘れてしまいます。でも、その約束を果たして見事な版画を持ってくるながさわさんに対して、相手は、そして読者は不思議な感動を覚えるのです。

最近、こんなにすがすがしい本を読んだことはありません。人間関係に悩んだら、ぜひ手に取ってください。

山田風太郎、森まゆみ（聞き手）『風々院風々風々居士　山田風太郎に聞く』（筑摩書房、二〇〇一／ちくま文庫）

話の聞き方によっては、昔話もエンターテインメントに変わるのではと思わせてくれます。

山田風太郎は、忍法帖や明治伝奇小説で知られる小説家。すでに七十歳を超えたこの作家のもとに三十歳下の森まゆみさんが訪れます。森さんは『地域雑誌　谷中・根津・千駄木』を発行し、歴史にも詳しいひとですが、ここでは、へんに自己主張せず、じつに巧みに山田風太郎の話を引き出しています。

相手への尊敬を前提としつつ、同じ話を繰り返す作家に軽くツッコミを入れる呼吸には、学ぶ点は多いでしょう。

ここでの山田風太郎が「森さんはあれですねぇ、うちのの若い時に似てるな」とまでにやけているのに対して、同じ時期の面談をもとにした関川夏央『戦中派天才老人・山田風太郎』（ちくま文庫）の山田は、いつも不機嫌そうです。でも、どちらもこの作家の風貌なのです。両者を読み比べてみるといいでしょう。

湊かなえ『ユートピア』（集英社、二〇一五）

世代が近くても、ギャップは起こり得ることを痛感させるのが、山本周五郎賞を受賞した本作です。

太平洋に面した港町で出会った三人の女性が、車いす利用者に寄付する目的で、すみれのつくるストラップを販売する「クララの翼」をはじめます。

最初はうまく行っていた三人の関係が、次第に軋みを生じます。自分は満たされていないという気持ちがどこかにあり、ほかの二人が得をしているように感じてしまうのです。

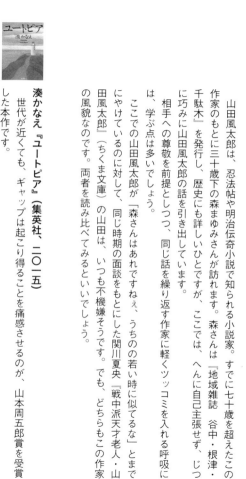

世代が異なれば、共通する経験や知識が違うのは当たり前です。そのギャップを苦痛に感じるのでなく、むしろ面白がるようになれれば、上の世代との付き合いかたも変わってくるのではないでしょうか。

時間の使いかたがうまくなりたい

奥村千織さん（36歳　兵庫）

二〇一五年九月に神戸、元町にオープンした〈1003（せんさん）〉は、「食と酒」をテーマにした本を主に扱う古本屋です。中華街の入口からすぐ近くのビルの二階にちょこんとある小さな店だけど、いい本がありビールも飲める、愛すべき古本屋さんなのです。

店主の奥村千織さんとは、まだ開業準備中の頃に神戸で会いました。訪れると、千織さんのご主人が内装作業の真っ最中。古本屋らしからぬ店名が、二人の名前からとったものと聞き、甘酸っぱい気持ちになりました。

千織さんは、京都府の真ん中あたりの小さな町で生まれました。祖父母、両親、弟、妹の七人家族です。両親はともに教員で、家には本が多くありました。父の本棚には、近代文学の復刻全集や宮大工の西岡常一の本に混じって、赤川次郎の本もあり、千織さんは『三毛猫ホームズ』や『三姉妹探偵団』のシリーズをよく読みました。

母に読んでもらった絵本で覚えているのは、『おさじさん』（松谷みよ子・文、東光寺啓・絵）。動物がご飯を食べる場面がおいしそうだったといいます。また、中原淳一が絵を描いた『シンデレラ姫』では、ドレスのレースの細かい描写に見入りました。

自分で読むようになってからは、『うみべのまちのタッソー』（ウィリアム・パパズ）や『青い目のペサラク』（ジャヴァード・モジャービー）などを読みました。

「『うみべのまちのタッソー』では、物語に出てくる店のレジの横にあった伝票差しがステキであこがれました」と千織さん。細かい点をよく覚えています。

小学生の頃は運動が苦手で、休み時間には学級文庫の本をよく読んでいました。クラスの女の子の間では、コバルトなどティーン向け文庫をどれだけ読んだかを競いました。なかでも漫画家でもある折原みとは人気で、ベストセラーになった『時の輝き』を読んで「骨肉腫」という病気を覚えたそうです。

また、近所の公民館の図書室には、自分が通っていた幼稚園の元園長が司書として働いていて、親近感もあってよく通いました。

中学、高校は部活動や受験勉強もあり、あまり本を読んでいません。『ガラスの仮面』が読みたくて、当時出ていた数十巻を友だちから安く買ったことがあります。ほかにも萩尾望都や『王家の紋章』など、以前に出たマンガに興味を持っていました。

大阪の大学の外国語学部に進学。一人暮らしをはじめます。大学の生協では新刊が割引で買えるので、三島由紀夫、澁澤龍彦や、先輩が読んでいるような名著を買いました。司馬遼太郎の『燃えよ剣』『新選組血風録』を読んだのがきっかけで、卒論で新選組のことを書いたそうです。

卒業後は、就職せずに実家に戻ってアルバイト暮らしをしていましたが、「本に関わる仕事をしたい」と大学図書館で働くようになります。勤務先でさまざまな本を借りて読みましたが、「なぜか、返却期限が来て読めないまま返した本のほうがよく覚えているんですよね（笑）」。そういうものかもしれません。

結婚してから数年経って、家具職人の勉強をはじめた夫とともに飛驒高山に住みます。ここでユニークな活動をする人に多く出会い、自分でも何かできないかなと思ったときに思い出したのが、旅行で訪れた長野県小布施町で見た一箱古本市でした。

神戸に戻ってから、友人に声をかけて、二〇一三年十一月に「芦屋川一箱古本市」を主催します。商店街のなかにあるお寺の境内で、十箱程度と小さなイベントでしたが、お客さんが多く来てくれたそうです。

「この時の経験から、お客さんとじかに話ができて、自分ひとりでやれる仕事をしたいと思うようになり、古本屋をはじめることにしました」と、千織さんは云います。

オープンしてから半年以上が経ち、お金を稼ぐことの大変さを日々噛み締めています。それでも、店内でイベントを積極的に行なったりすることで、〈１００３〉の常連客は着実に増えているようです。今後も末永く続いてほしい古本屋さんです。

そんな奥村さんのお悩みは？

「店をはじめてから、本があまり読めなくなりました。仕事と生活の切り替えが下手なんでしょうか。時間の使いかたがうまくなりたいです」

勤務時間がいちおう決まっている勤め人と異なり、自営業やフリーランスはどこまでが仕事の時間なのかが、ハッキリしないことが多いですよね。

一日のタイムスケジュールをうまく組む方法については、その通り実行できるかはともかく、山ほどあるビジネス書にお任せして、今回は、仕事とプライベートの関係についての本を紹介します。

今回処方する本

今野敏『隠蔽捜査』（新潮社、二〇〇五／新潮文庫）

警察小説の傑作です。このジャンルは、組織のなかでの個人の身の振り方を描いた小説が多いですが、本書の主人公・竜崎伸也は東大出のキャリア官僚にもかかわらず、我が道を行く「変人」です。しかし、竜崎のいわば空気を読まない姿勢が、いざというときに正しい判断をさせるのです。

彼は家庭においても変人で、妻や娘、息子とうまく接することができません。家に帰ってても独自のルールを貫いて、平気で仕事を家庭に持ち込みます。そんななかで、竜崎は息子が麻薬を吸っている現場を見つけてしまいます。これが明るみに出れば、これまで順調に歩んできた出世の道は閉ざされるでしょう。はたして竜崎はどういう決断を下すのか……？

本作のあと、シリーズとして短篇集を含む八冊が刊行されています。話が進むにつれて、竜崎の家庭の描写が次第に増えていき、コミカルな要素もあり『果断　隠蔽捜査2』で、息子から勧められて竜崎が『風の谷のナウシカ』を観る場面は爆笑必至です。

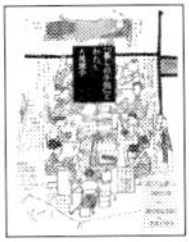

大橋鎭子『「暮しの手帖」とわたし』（暮しの手帖社、二〇一〇）

一九四八年に『暮しの手帖』を創刊し、その後亡くなるまで会社に居続けた女性の自伝です。『暮しの手帖』といえば、編集長の花森安治が有名ですが、大橋鎭子は社長として会社を経営しつつ、花森の指揮のもと、一人の編集者としてプランを立て、依頼に出向き、自らモデルになっています。

鎭子は父を失ったあと、母と二人の妹を守るために職業婦人として働き、戦後、女性のための出版をやろうと考えます。そのことを相談した花森安治とともに、『スタイルブック』そして『暮しの手帖』を発行するのです。

彼女は一生結婚せず、『暮しの手帖』とともに生きました。雑誌に役立つことはないか、つねに考え、探して歩きました。身近にいた阪東紅美子によれば、晩年、自宅療養していた頃も、外国の料理本を真剣に眺めていたそうです。仕事とプライベートの境目など、考えたこともなかったのではないでしょうか。

暮しの手帖社の「研究室」には台所があり、社員が交代で全員の食事をつくりました。編集会議には、編集者だけでなくすべての社員が出席し、旅行やパーティーなどともに過ごす時間を多く持ちました。

「編集部というより、『暮しの手帖』を作っている家族、という感じ。会社というより、家庭のよう。あたたかみのある、愉快な場所でした。そんななかで『暮しの手帖』を作ることを、編集部員みんなが、とても大事なことと思っていたのです」

田丸雅智編『ショートショートの缶詰』（キノブックス、二〇一六）

本を読むのには、まとまった時間は必要ではありません。どんな長い本でも少しずつ読んでいけばいいのですから。それだと忘れてしまうという人には、ショートショートをお勧めします。数百字から原稿用紙数枚程度の短い物語です。

この本は、自らもショートショート作家である編者が選んだ二十四篇を収録しています。ショートショートの第一人者で一〇〇一篇以上を書いた星新一を筆頭に、『掌の小説』として短い作品を好んで書いた川端康成、ＳＦ作家の筒井康隆や小松左京、詩人の谷川俊太郎ら、バラエティに富んだセレクトになっています。

一気に読むのもよし、一篇ずつ拾い読むのもよし、どの順番で読むかも自由です。そういえば、ショートショートは私の読書の入口でもあったことを、思い出しました。

不思議なもので、時間は意識するとやたらと長く感じますが、なにかに夢中になっているときには、過ぎていく時間を感じることはありません。

やっぱり、熱意があれば、時間はついて来るのではないでしょうか？　自戒を込めて、そんなふうに思います。

お悩み女子

人生に希望を見出したい

鮎川るきさん（37歳　仮名　東京）

鮎川るきさんとはじめて会ったのは、彼女が当時働いていた書店のレジでした。おっとりした動作ですが、好きな本の話になると熱が入ります。

おっとりとした人だと感じているのは私だけでないらしく、彼女は学生の頃、友だちから「るきさんみたい」と云われていたそうです。高野文子のマンガ『るきさん』の主人公は、自分のペースでゆったりと暮らしています。

鮎川さんは浜松市生まれ。両親と三つ上の姉の四人家族です。父も母もともに高校の教師で、父は古典を教えていました。

また、祖父は在野で万葉集や古事記の研究をしていたそうです。その兄は小さな出版社を営んでおり、国会図書館にはその刊行物が何点か所蔵されています。

自宅の居間の本棚には、父の蔵書がたくさんありました。漢詩など専門書が多かったのですが、その中から読めそうだと思ったものをパラパラとめくるのが好きでした。そうやって小学校高学年で、夏目漱石や芥川龍之介を読んだそうです。

姉も本好きで、本棚にはグリムやアンデルセンの童話、江戸川乱歩、『シャーロック・ホームズ』などが並んでいました。そこからも引っ張り出して読んだそうです。

「父、母、姉がそれぞれの本棚を持っていて、お互い、面白そうだと思った本を勝手に読んでいる感じでしたね」

両親は仕事が忙しく、保育園ではみんなが帰った後も、親が迎えに来るまで本を読んで待っていました。小学校でも三年ごろまでは、放課後は学童保育に行っていました。そこにある図書室でも本を読んでいます。

最初に読んだ本として覚えているのは、ディック・ブルーナの『うさこちゃんのたんじょうび』、それから『ねずみくんのチョッキ』（なかえよしを・作、上野紀子・絵）です。ねずみくんは絵がちょっと怖く、キャラクターも可愛くないけれど気になる絵本でした。表紙に深い緑が使われていたのも憶えています。

もう一冊は、『てぶくろ』（エウゲーニー・M・ラチョフ・絵、内田莉莎子・訳）。道に落ちた手袋の中に、いろんな動物が入っていくお話。いまでも手袋が落ちているのを見ると、この話を思い出すそうです。ウクライナ民話を題材にしたこの話は、何種類も絵本として出ています。

小学四、五年ごろは、友だちが貸してくれたことからコバルト文庫が好きになります。『天使のカノン』など倉本由布の恋愛ものを夢中になって読みます。六年のとき、同じ友だちから吉本ばななの『キッチン』を借りて読みます。その後、この作家が好きになり、二十代までは新作が出たら必ず買っていました。

中学校では水泳部に入り、部活が忙しくて学校の図書室にはあまり行きませんでした。友だちのお姉さんの本棚にあった、くらもちふさこ、大島弓子、高野文子らのマンガを読み、気に入ったものは自分で買って読んでいます。

高校で読んで覚えているのは、村上春樹の『回転木馬のデッド・ヒート』。淡々として起伏は少ないけれど、気になる情景が描かれています。

「いまでも時々読み返します。ささいなことだけれど、どこか引っかかる話が好きなんです」

大学では芸術学部映画学科に入り、東京で一人暮らしをはじめます。しかし、入って一年ぐらいで「何か違うかも」と感じ、大学にはあまり行かず、まだ日本に進出したばかりの〈スターバックスコーヒー〉でアルバイトをしていました。

卒業後もしばらくはスタバで働き、そろそろ何かした方がいいかと、広告制作会社に入社しました。通勤電車の中では、本を読んでいました。中でも印象的だったのが山川直人の『コーヒーもう一杯』などのマンガで、東京の古い街の描写に共感したそうです。

二十九歳で大学の同級生と結婚。夫は麻雀と映画が好きで、その影響で鮎川さんも阿佐田哲也、阿部和重、保坂和志などの本を読みます。

しかし、その半年後には大けがをして、二カ月半入院します。病院では、手が痛くてページをめくりにくいのに、起きている間はずっと本を読んでいました。売店にある藤沢周平の時代小説は全部読みました。

「江戸時代の人々が耐え忍ぶ姿に自分を重ねていました。このときは本に助けられましたね」

退院後は会社を辞め、リハビリをしながら主婦をしていました。

その後、近所の書店でアルバイトを募集しているのを見つけて、働くようになります。棚も任されて、本屋の仕事が楽しくなってきました。

そんなとき、本や映画を教えてくれた浜松の友だちが、ガンで亡くなります。その知らせを受けた日に、本棚にヘンリー・スコット・ホランド『さよならのあとで』を見つけます。この世を去った「私」から贈られる詩です。鮎川さんはその本を、友だちの通夜に持って行き、お姉さんや友人に読んでもらったそうです。

その書店もしばらく前に辞め、いまはぶらぶらしているとのこと。それでも、知人の仕事の手伝いをするなど、少しずつ社会に戻りつつあるようです。

そんな鮎川るきさんのお悩みは？

「私はもともと「こうしたい」という欲求が薄いようです。それに、大けがをしたり、友だちが亡くなってから、人生に希望が持てなくなっています。これからどうやって生きていけばいいのか分かりません。人生に希望を見出したいんです」

たしかに、鮎川さんの話を聴いていると、目の前の状況を受け入れてしまうところがありますね。若いのに達観してしまったのでしょうか。

今回処方する本

井上靖『おろしや国酔夢譚』（文藝春秋、一九六八／文春文庫）

絶望的な状況でも、希望があれば生き抜くことはできます。本作は一七八二年（天明二）に伊勢から出航した船が難破し、無人島に漂着した船頭の大黒屋光太夫以下十七人の苦闘を描いた小説です。そこで彼らはロシア人と出会い、シベリアを横断して首都ペテルブルグに着き皇帝に拝謁します。

ロシアには日本との通商を開きたいという意図があり、漂流民を簡単に日本に帰そうとしません。食べるもののない無人島生活を耐え抜いた水夫たちも、この「待つ」時間に耐えかねて死んでいったり、帰国することを諦めてロシア正教に改宗したりします。彼らは希望を失ってしまったのです。そして、希望を持ち続けた三人だけが日本に帰ることができました。

本作は映画化（佐藤純彌監督、一九九二）もされています。現地ロケで、シベリアの過酷な自然環境が再現されていますので、こちらもぜひ。

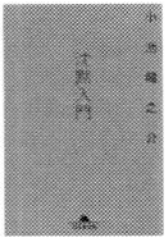

小池龍之介『沈黙入門』（幻冬舎、二〇〇八／幻冬舎文庫）

著者は二十代でサイト「家出空間」と寺院とカフェを融合させた「イエデカフェ」を運営。その後、父を継いで住職となります。

本書は「自分」というやっかいな存在と向き合い、飼いならすためのレッスンとでも云えるでしょう。他人を批判することと、他人に気を使いすぎることは同じ根っこを持ち、結局のところ、自分をよく見られたいという欲があるのだという指摘には納得します。

仏道は「もともとは、己自身を徹底的に見つめる中で、生活や思考のスタイルをデザインする方法」だと、著者は云います。鮎川さんは「こうしたい」という欲求がないと云いますが、逆に「こうしたくない」ことは何かと考えてはどうでしょうか？　自分を見つめ直すことを通して、やりたいことが見えてくるのかもしれません。

天藤真『遠きに目ありて』（大和書房、一九八一／創元推理文庫）

鮎川さんの悩みに直接かかわらないかもしれません。でも、いまの鮎川さんにぜひ読んでほしい小説です。

警部の真名部は、偶然のことから、脳性マヒの少年・信一とその母親に知り合います。信一は言葉を発するのにも、タイプライターで文字を打つのにも、長い時間がかかります。

「つい代って打ってやりたくなる。だが信一少年のその姿は、そんな安っぽい同情を、頑として受けつけない、きびしさにみちている。これは彼のことばなのだ。ひとに代って打ってもらったのでは、その瞬間からそれは彼のことばではなくなるのだ」

信一は不自由な体を持ちながら、大量の本を読み、すぐれた洞察力を持っています。真名部が事件の話をすると、謎の本質を見抜くのです。連作短篇集ですが、話が進むうちに、家に引きこもらざるを得なかった信一少年が、「現場を見たい」とまで積極的になっていきます。希望が可能性を広げたのでしょう。

ちなみに、信一とその母は、ミステリ作家・仁木悦子の『青じろい季節』に登場する母子にインスパイアされて生まれたもの。仁木自身も胸椎カリエスのため、車いすで生活しながら、多くの傑作を残したのです。

高野文子の『るきさん』の主人公は、おっとりした性格ながら、これだけは譲れないというものを持っています。実際、彼女はラストで意外な行動に出ます。鮎川さんにも、そのうち、自分の核になる何かが見つかるはずです。そのときが来るまで、毎日を一生懸命過ごせば、それでいいのではないでしょうか。

お悩み女子

父に似てきた自分が不安

廣谷ゆかりさん（42歳　高知）

「高知にいらっしゃるんですか？　わたし、案内しますよ」

はじめて会った瞬間、廣谷ゆかりさんは云いました。谷中のギャラリーでの彼女の陶芸展には、ユーモラスな絵柄の皿が並んでいました。その場で知人に紹介された翌週には、高知の町を彼女の車で案内してもらっていたのです。

小柄で、のんびりした口調で話す廣谷さんですが、そのエピソードはどれも強烈で、同乗の友人と腹を抱えて笑ってしまいました。工房にやって来る近所のジジババのこと、下ネタばっかりやるバンドのこと……。若く見えるのに二人の子持ちということも、そのとき知りました。

東京に帰ってからも彼女のことが忘れられず、私たちがやっているユーストリーム「不忍ブックストリーム」で、一時期「今月の廣谷さん」というコーナーをつくって、スカイプで出演までしてもらっていました。

そんな彼女にとって「本」はどういう存在だったのでしょうか？　国立のギャラリーでの個展のため上京した廣谷さんと会って、話を聞きました。

廣谷さんは愛媛県松山市生まれ。家族は父、母、ひとつ上の兄、祖母。父は家にいたり、いなかったりで、飲む、打つ、買うを重ねて自由に生きていました。生活を支えていたのは母でした。借金のせいで何度も引っ越ししたこともあり、家財道具は少なく、本もありませんでした。

粗暴な父への恐怖から、小学生の頃の廣谷さんは言葉を発することができず、友だちも少なかったそうです。家に帰りたくなかったので、学校の図書室で借りた本を田んぼのところで読んでいました。図書室に並んでいる本なら手あたり次第、何でも読みました。「本しかなかったんです」と廣谷さんは云います。

その後、父がいない時期が続き、家庭内に平和が訪れます。中学に入った廣谷さんは「明るくなろう」と一念発起し、外国の少女小説に出てくるキラキラした女の子をモデルに、さわやかに振る舞いました。バスケット部に入り、活発な中学生時代を送ります。この時期には本はほとんど読まず、友だちから回ってくる雑誌を読むぐらいでした。

高校では看護科に入ります。中学のときの「明るいふり」に疲れて、元に戻った廣谷さんは、学校がつまらなくなり、飲食店でのバイトにはげみます。学校の外での知り合いが増えていきます。

この頃、古本屋でバイト先の人に教えてもらった深沢七郎の『東北の神武たち』を買って読みます。

「描写はさらっとしているけれど、日本の闇みたいなものを感じさせてゾクッとしました。でも、あっけらかんとしているところもあります。深沢七郎の自由な生き方に共感して、わたしも家を出たいと思いました」

卒業後、昼間は病院で働き、夜は看護学校に通いました。その後、さまざまな仕事をしますが、居酒屋で働いていたときに現在のご主人と知り合い、結婚します。

二十五歳で陶芸をやってみたいと思い、親方に弟子入りします。その頃、親方の友人だった男が嫌いで、そいつを主人公にした小説を書きはじめます。その後何年も書き続けていますが、まだ完結していないそうです。「結末は決まっているんです。こんどその男に会ったときに終わらせようと思っています（笑）」

その後、高知市に移住。窯場を持って、そこでつくった作品を東京のギャラリーに持ち込みます。現在では、各地で個展を開くようになりました。

陶芸の仕事をはじめてから、いろんな人に会います。ある店で会った元新聞記者のおじいさんとは、長い間、文通をしています。その人は文学好きで、幸田文の随筆『木』を廣谷さんにくれます。

「仕事で山に出入りしているのですが、この本を読むと植林への見方が変わります。自然へのまっすぐな視線がよくて、繰り返し読んでいます」

この人はその後、廣谷さんに幸田文の本を大量に送ってくれたそうです。

また、よく行く喫茶店のマスターからは「これ読んでみたら」と、ロベルト・ボラーニョの長篇『２６６６』を渡されます。

「八百五十ページもある分厚い本なので、まだ読み終わっていません。私は、自分で選ぶよりも、人から勧められて読む本の方がハマるみたいです。この人が好きな本なら読んでみようと思うんです」

廣谷さんは、来年には住み慣れた高知を離れ、大阪に引っ越す予定。

「高知という土地だから陶芸の仕事ができたと思っていたのですが、関西でも偶然、窯場にする場所を見つけることができました」

そんな廣谷ゆかりさんのお悩みは?

「わたしの父はちょっとタバコを買いに行って、そのまま何日も家に帰ってこないような人でした。他人にとっては魅力的なところもあったでしょうが、身内としては迷惑な人でした。そんな父を反面教師にしてきたつもりでしたが、わたしもいつかあてのない旅に出てしまうのではと恐れています。父に似てきた自分が不安なんです」

答えになるかはわかりませんが、フツーではない父と娘の関係を描いた本を挙げてみます。

今回処方する本

内田春菊『ファザーファッカー』（文藝春秋、一九九三／文春文庫）

強圧的な義父に身も心も支配される女の子の物語。実父は遊び人で、幼稚園児の「私」の小遣いを取り上げてパチンコに使うような男です。その父が出て行ったあと、家に入り込んだ養父は、「私」の生活を監視し、奇妙なルールを押し付けます。

「この親がいる限り、私はずっとこんな目に遇ってなきゃいけないのか、と頭が怒りと諦めでいっぱいになった。でももう泣いたりはしなかった。この頃から、私はますます自分の感情に鍵を掛けることを覚えた」

養父は「私」の身体を求め、母親もそれを黙認します。母親は実父にどこか似てきた「私」を嫌悪しているようです。

そして、「私」は「別にここにいなくてもいいんだ」と思いつき、そのまま家を出ます。

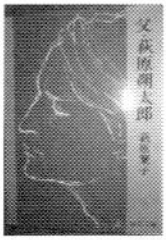

萩原葉子『父・萩原朔太郎』（筑摩書房、一九五九／中公文庫）

娘が文学者の父を回想する文章は多いのですが、そのなかでも、距離を置いて父を観察しているのが本作です。

朔太郎は詩人としては有名でしたが、生活能力はなく、経済的には医者である実家に頼っていました。妻は朔太郎の母と折り合いが悪く、葉子と妹を置いて、ダンスの教師と駆け落ちしてしまいます。

その後、葉子たちは父と祖母と暮らすようになりますが、祖母は激しい性格で、葉子にきつく当たります。父はそれを見てみないふりで、葉子を助けようとはしません。

朔太郎は不器用で、食事のときもぼろぼろこぼすため、祖母から前掛けをさせられています。歩くときも、「ふわふわと身体が宙に浮くような早足で、あやつり人形のようなぎごちなさだった。今にもころびそうで危なっかしくて見ていられない」のでした。地に足がつかないまま、一生を終えたのです。

「お父さまは、あんな大きな眼をしていても現実は見えなかったのでしょうか」と、葉子は書いています（「歳月　父・朔太郎への手紙」『蕁麻の家　三部作』新潮社）。

しかしその葉子も、長男（のちに演出家となる萩原朔美）を抱えて離婚し、父と同じ、文学の道に進むのでした。

角田光代『キッドナップ・ツアー』（理論社、一九九八／新潮文庫）

三冊目は楽しいダメ父の物語を。

小学五年生のハルが、家からいなくなっていた父にユウカイされます。父に対してどうふるまったらいいのか、娘をどうあつかっていいのか判らない二人が、逃避行のあいだに次第に、自然な父娘らしい関係になっていきます。

いつもヘラヘラしているダメな父親が、唯一、娘を叱る場面があります。

「これからずっと先、思いどおりにいかないことがあるたんびに、な、何かのせいにしてたら、ハルのまわりの全部のことが思いどおりにいかなくてもしょうがなくなっちゃうんだ」

この言葉のあと、父と娘の手はしっかりとつながれるのです。


廣谷さんはつらかった過去のこともたんたんと、笑いを交えながら話してくれました。いまは父も落ち着いて、母と一緒に暮らしているそうです。波瀾万丈な人生でしたが、「いまは楽しくやっているので、べつに悩むことはないんです」と明るいのです。それをあえて考えてもらったのが、今回の悩みです。

父に似てきたことを不安に感じても、廣谷さんはそんな自分を嫌になったりはしません。「それはそれで面白い人生になるかも」と、どこかで思っているのかもしれません。しなやかで強いひとです。

お悩み女子

価値観が異なる人と、どう付き合っていけばいいか？

日田南さん（31歳　仮名　埼玉）

黒っぽい服に身を包み、クールに見えるたたずまい。それが、はじめて日田南さんに会ったときの印象でした。今年の春、不忍ブックストリートの助っ人さんとして、一箱古本市やその他のイベントを手伝ってくれました。

打ち上げの飲み会で話すと「わたし、ZINEをつくってるんです」と冊子を手渡されました。『SATURDAY SUNDAY』というタイトルで、一日一コマ描いている絵日記から抜粋し、コメントを加えたものです。アラスカ、文房具、音楽、ファッション、釧路など、自分が好きで興味を持ったものにまっしぐらに向かっている様子を微笑ましく感じました。

なかでも、以前から好きだというソニック・ユースのベース、キム・ゴードンの自伝（『GIRL IN A BAND キム・ゴードン自伝』）については、熱く語っています。

これは本好き女子に違いないと、改めて会ってみると、大人しそうに見えた日田さんがじつによく喋るしゃべる！　出てくる固有名詞が最多のインタビューになりましたが、かなりはしょってお伝えします。

神奈川で生まれ、すぐ千葉に引っ越し、四歳ぐらいで埼玉県に移って、そこで成長します。両親と三つ下の弟、祖父母の六人暮らし。

父も母も読書家で、家の中には大きな本棚がありました。父は昔、高円寺に住んでいて、マンガなどサブカルチャーの影響を受けています。母は横須賀育ちで、少女時代に松田優作をライブハウスで見たことを自慢するそうです。「自己主張の激しい両親なんです」と日田さんは苦笑します。

最初の本の記憶は、幼稚園の頃、母が日田さんを身ごもっていたときに付けていたマタニティ日記を書きこんだ絵本（？）というから、変わっています。

小学生で、父親が買っていた『ビッグコミック』や『モーニング』を読み、母に連れられてライブを見に行き、『米国音楽』『スタジオ・ボイス』などのカルチャー誌を買ってもらっていたというから早熟です。

クラスメイトとは話が合わず、「あんたらとは違う」という態度なので、浮いた存在になっていたそうです。「いま考えるとイタイですよね」と日田さんは笑います。それでも、卒業文集で描いた絵を同級生にカワイイとほめられたのは嬉しかったそうです。

中学では美術部に入ります。同じ部の女の子とはマンガの話ができて、そのお母さんからもマンガを借りました。その頃から、背伸びして、両親の本棚からサリンジャーの小説や寺山修司のエッセイを引っ張り出して読みます。エンタメ系では京極夏彦が好きでした。

高校では「照明の機械がＤＪマシンみたいでかっこいい！」と演劇部に入りますが、裏方は男しかダメと云われて反発し、しだいに行かなくなります。大人計画の芝居に興味を持ち、主宰の松尾スズキの戯曲やコラムを読みます。この頃は、ひとりで渋谷の街を歩き〈ブックファースト〉や〈タワーブックス〉で、雑誌や本を買いました。

大学は一浪して理工学部土木工学科に入り、千葉県で一人暮らしをはじめます。実家から離れて、自分で本を買うようになり、神保町の古本屋に通ったそうです。大学院を経て、建設コンサルタントの会社に入りますが、あまりに忙しくて好きなカルチャーに触れられない生活に息が詰まり三年でやめます。

実家に戻って求職中にフリーペーパーをつくりはじめます。ライブのフライヤーを集めていたり、雑誌でＺＩＮＥと呼ばれる少部数の手づくりメディアの紹介を読んだりしたことがきっかけでした。

二〇一二年、ZINEなどのオンラインショップ「Lilmag」が主催するお茶会に参加。ZINEをつくっている人たちと話したり、その場で購入したりしました。そして、自分でも『SATURDAY SUNDAY』をつくって、ZINEのイベント「ジンスタギャザリング」で販売するに至ったのです。

一日一コマの絵日記はいまも続いていて、そこから抜粋して新しいZINEをつくりたい、いずれは翻訳してアメリカやアジアに持っていきたいと、夢は広がっています。

そんな日田南さんのお悩みは?

「価値観が異なる人と、どう付き合っていけばいいでしょうか? 人と話していると、自分の気持ちをうまく言葉にできなくて、一方的に反発したり、ヒートアップしてしまいがちです」

たしかに、価値観や考え方の違う人と話していると、「そうじゃないんだよ!」とイライラすることがありますよね。

今回処方する本

速水健朗ほか『バンド臨終図巻』（河出書房新社、二〇一〇／文春文庫）

バンドでも解散するときは、よく「音楽性の違い」が理由だと云いますよね。本書での一九六〇年代以降にデビューした二百組のバンドやグループの解散理由は、メンバー間の力関係、ギャラ、ドラッグ、女の取り合い、結婚、離婚などさまざまです。

注目したいのは、かなりの割合でのちに再結成していることです。ビジネス的な要請もあるでしょうが、それ以上に、時間を置くうちに、深刻に思えた溝がたいして深いものでないことに気づくのだと思います。価値観とか考え方も不変のものではなく、自分の中でも変化していくものだと思えば、相手の価値観を全否定することもなくなるのではないでしょうか。

ただ、せっかく再結成しても、すぐに分裂する例も多いようです（ディープ・パープルのメンバーチェンジ→再結成→メンバーチェンジの過程は、系図のように複雑です）。なかなか学習しないのも人間なのですね。

須賀しのぶ『神の棘』Ⅰ・Ⅱ（早川書房、二〇一〇／新潮文庫）

学校の同窓生である二人が、ナチス政権下のドイツで正反対の立場に身を置きます。アルベルト・ラーセンはナチスドイツの親衛隊ＳＳに属し、教会弾圧を進め、マティアス・シュルノはフランシスコ修道士として、ナチスに排除される人たちを助けようとします。両者は相容れず、ラーセンはシュルノを拷問にまで掛けるのです。

しかし、ナチスの尖兵であるはずのラーセンにもこれでいいのかというためらいがあり、シュルノにも神を信じきれない弱さがあります。ひとりの人間がひとつの色に染まり切れない、心のひだのようなものを著者は丁寧に描いています。

山本周五郎『さぶ』（新潮社、一九六三／新潮文庫）

経師屋に奉公する栄二とさぶは「いつかは一緒に店を持とう」と語り合います。栄二が器用で女にもてるのに対して、さぶはぐずで下働きのままです。

しかし、栄二は身に覚えのない罪を着せられたことから、石川島の人足寄場に送られます。そこで会った人たちによって、かたく凍りついていた栄二の心は、次第にほどけていきます。

「ことによるとおれは、いままでこの人たちを本当に見ていなかったのかもしれないな。（略）こういう考えが心にうかぶと、彼はなんとなく胸がひろがって、呼吸が楽になるように感じ、また、新しく眼の前にあらわれた広い展望の山河が、少しずつ見わけられるようなおちつきを感じた」

ご自身でも気づいているようですが、日田さんには自分の好きな世界を絶対視しすぎるところがあったのでは？　私も昔そうだったので、よく判ります。でも、自分の価値観にこだわりすぎると、かえって世界を狭くしてしまいます。面白いことは案外、自分の目が届いてない場所に転がっているものです。価値観の異なる相手の言葉に耳を傾けてみると、そのヒントが見つかるかもしれないですよ。

お悩み女子

テンションがいつも低い

池内美絵さん（42歳　大阪）

「なんやろなー。本は好きなんだけど、何を読んだか覚えてないんですよねー」

池内美絵さんに取材を申し込むと、まずそう云われました。池内さんは現代美術家で、自身の身体とモノとの関わりをアート作品にしています。その作品はとても美しいのですが、その一部には彼女の皮膚や体毛が封じ込められていたり、一度飲み込んで排泄したモノだったりします。

ご本人に会うと、ひょうひょうとした感じで、とんでもない発想を実行してしまうエネルギーがどこから出てくるのかと不思議に思います。でも、この人が普通のこととして淡々と話すエピソードには、しばしば度肝を抜かれるのです。

池内さんは愛知県に生まれ、一歳で愛媛県松山市に引っ越し、そこで成長します。家族は両親と一つ下の妹の四人暮らし。父は自動車などの部品メーカーで設計の仕事をしていました。

家には本が多く、文学全集の類も並んでいました。国語の教科書に抜粋収録されていた芥川龍之介や太宰治の作品を全部読みたくて、文学全集に手を伸ばしました。松山に縁のある夏目漱石も、全集で読んだそうです。『こころ』でKが自殺するところを、いまでも覚えています。

小学生の頃は、近所の本屋で月に一度、小説とマンガを月ごとに交代で買ってもらいました。その習慣は中学でも続いて、試験の結果がいいと買ってもらえる冊数が増えたそうです。

マンガで好きなのはホラーものでした。楳図かずおの『ミイラ先生』は怖くて部屋に置いておく気になれず、妹とこっそり捨てにいったそうです。

友だちと交換ノートをしていて、そこに連載めいたものを書いていたり、近所の子と手書きで同じ内容の雑誌を何部かつくり、先生にもあげていました。書いたりつくったりするのは、ずっと好きだったようです。

幼いころから絵を描くのが好きで、小・中は美術のクラブに属していました。高校ではデザイン科に入り、自転車で十キロ以上の距離を通学していました。課題で絵ばかり描いていましたが、それが楽しかったそうです。この時期は、美術書以外はあまり本を読みませんでした。

大学は京都の美術短期大学に進学。ひとり暮らしをするようになります。陶芸を専攻し、美術館やギャラリーに通いました。

「大学の図書館に『手塚治虫全集』があったので、それを全部読みました」

卒業後、同じ大学の専攻科、研究科と進み、さまざまな素材で作品をつくるようになります。大学を出たあとは、大阪のギャラリーでデザイナーとして働き、その後フリーランスのデザイナーになります。

その頃、池内さんは本屋で『S&Mスナイパー』という雑誌を手にします。小学生の頃、家の近所の「ナイトショップ」に並んでいるエロ雑誌に興味を持っていたそうです。この『S&Mスナイパー』には当時、アラーキーこと荒木経惟の連載があり、そのモデルを募集する記事が載っていました。

「やってみないと判らない」と思った彼女はモデルに応募し、誌面に載ります。その後、編集長が美術好きということから、同誌のデザインを手がけるようになりました。

現在は博物館で働きながら、好きなペースで作品をつくっています。個展を開く以外に、ポストカードや冊子も発行しています。

本を読むと自分のなかに何かが蓄積されているという実感はあるけれど、作品をつくることへの直接的な影響はありませんと、池内さんは云います。

しばらく前に引っ越しして、イベントで本を千冊ほど処分しました。手元に残したのは、生き物に関する本が多いとのこと。

「飴屋法水さんの『キミは珍獣《ケダモノ》と暮らせるか？』は、生き物についての考え方に共感しました。それから、エドワード・ゴーリーの『おぞましい二人』は、実際にあった殺人事件を元にした絵本ですが、殺人者の夫婦が食事をしている風景に、「生きること」ってなんだろうと思いました」

そんな池内絵美さんのお悩みは？

「わたしは、テンションがいつも低いです。キャピキャピしている人を見ると、「ああいう風にできない」と思うのですが、ちょっとだけ、それに乗ってみたい自分もいます（笑）」

なるほど。他人のことをうらやましがったりしなさそうな池内さんでも、そんな気持ちを持つことがあるんですね。

今回処方する本

阿佐田哲也「ドサ健ばくち地獄」（『色川武大・阿佐田哲也全集』第十巻、福武書店、一九九二）

テンションが上らざるを得ないシチュエーションのひとつがギャンブルです。阿佐田哲也のギャンブル小説は、実際に博打をやったことのない私にもヒリヒリとした快感を与えてくれます。

この作品は、名作『麻雀放浪記』の約十年後を描いています。青春小説の色が濃かった『麻雀放浪記』に比べると、本作は生き残りを賭けた闘いです。

フリーのばくち打ちであるドサ健は、スナックの女、殿下をたき付けて賭場を開かせます。そこに海千山千の男たちが集まり、連夜、麻雀やテホンビキの勝負を繰り広げます。目的は相手をコロシて喰うことのみ。そのためには、目の前の勝負だけでなく、あらゆる手を使うのです。

現在では数十万、数百万にあたる金が一瞬にして消え、一瞬にして倍になる。その恐怖と快感。それがずっと続くのです。そのテンションに耐えきれなくなった男たちが、一人また一人と脱落していきます。

物語のおわり頃に、ドサ健はこうつぶやきます。

「俺はなんでも、とことんまでやりてえんだ。納得がいくまでなァ。負けてった連中だって皆そうなんだろうよ。この世でひとつくらい、とことんまでやれるものがあっていいんだ。それでなくちゃァ、最初からばくちなんかやるもんか」

奥田英朗『最悪』（講談社、一九九九／講談社文庫）

望まないのにテンションを上げられてしまうこともあります。

町工場を経営する中年男、銀行員の女性、世の中を舐めて暮らす若い男の三人が主人公です。彼らは、それぞれの事情を抱え、それを解決しようとします。しかし、事態はどんどん悪い方向に転がっていきます。「少しでもいいことがあると、その数倍の量で悪いことが自分にのしかかってくる」のです。

　そして、文庫版で六百ページもあるこの小説のラスト百ページで、溜まっていたガスが爆発するように、事態が大きく動き、三人のテンションも頂点に達します。

同じ作者の『邪魔』『無理』と並んで、「テンション暴発三部作」と私は勝手に名づけています。このテンション、自分では絶対に体験したくないです。

つげ義春「苦節十年記」（『つげ義春全集』別巻、筑摩書房、一九九四／ちくま文庫）

一生テンションが上がらず、ローテンションのまま生きている人もいます。つげ義春はいわばローテンションの王様です。つげのエッセイはマンガ作品以上に暗いです。旅行記では、何もない僻地の索漠とした宿に泊まり、「つまらぬところに来てしまったと後悔」しつつも、その後も何度も訪れてしまいます。「自分は「本当はここにこうしていたのかもしれない」」という気分になるのだといいます。

マンガ家になろうと考えてからの十年間を綴った本作も、悲惨な話の連続です。貸本マンガを描いても、原稿料は安くいつも金が足りません。

米を一升だけ買いに行ったとき、紙袋が破れて中身がこぼれてしまいます。

「私は道路に這いつくばって濡れ鼠になりながら、両手で米をかき集め、夢中になって上着とズボンのポケットに詰め込んで、ふとバス停を見ると、バス待ちの客が大勢私を見ていた。（略）道路に残った米をバスは踏みつぶして行った。このときはさすがの（何がさすがなのか）私も涙ぐんでしまった。米などもう大切な時代ではなかったのに」

この一文の「（何がさすがなのか）」のように、つげ義春の文章には暗さの底に、かすかな笑いがあって、それが少しだけ救いになっています。

つげはその後、『ガロ』で発表した諸作で注目されますが、ノイローゼや妻の死によりマンガを描かなくなります。でも、マンガ家を辞めたわけでなく、いまでも新作を待っている人は多いです。

自分なりの道を選んで生きてきた池内さんは、ほかの人のテンションに影響を受けることはなさそうです。無理にそうする必要もないでしょう。それに、自分では気づいてないだけで、作品づくりに没頭しているときの池内さんは、十分にテンションが上がっているのでは？　と思うのです。

決められない性格を直したい

米沢ナツコさん（29歳　仮名　山形）

山形県南部の置賜《おきたま》地域で開催される「ＢＯＯＫ！　ＢＯＯＫ！　Ｏｋｉｔａｍａ」（以下ＢＢＯ）は、米沢市など三市五町の三十カ所の店や施設で本に関する企画を行なうブックイベントです。

私は二〇一四年の第一回にこのイベントを見に行きました。メインイベントの一箱古本市の会場である川西町フレンドリープラザには、この町の出身者である作家・井上ひさしさんの蔵書をもとにした「遅筆堂文庫」があります。遅筆堂文庫はこの地域の本好きの若者が井上さんと交流するうちに生まれたもので、ＢＢＯはその流れをくむミニコミ「ほんきこ。」のメンバーが主になって運営しています。

だから、本好きの琴線に触れる企画が多いのです。今年（二〇一六年）は図書館を一日使い、新聞や小説をつくるワークショップを行ない、夜はみんなでそこに泊まりました。朝起きて、体操をして、地元の米のおにぎりを食べるのが、なんだかとても楽しかったです。

三回目となる今年の実行委員長になったのが米沢ナツコさんです。複数の企画が同時進行し、会場を忙しそうに飛び回っていました。

米沢生まれで、両親、祖母、二つ下の妹の五人家族。母は本好きで、ナツコさんも絵本を買ってもらっていました。覚えているのは、『シンデレラ』『白鳥の湖』などのアニメを絵本にしたものや『おしいれのぼうけん』（ふるたたるひ、たばたせいいち）、ねずみの家族が活躍する『14ひき』シリーズ（いわむらかずお）など。

「魔女の薬のつくりかたを描いた絵本も好きでした。非現実的な感じにあこがれていたのかもしれません」

小学三年生の頃に「たまごっち」が流行ると、友だちと一緒に、各自でマンガを描いて「たまごっち」のアンソロジー本をつくります。表紙、目次、編集後記もあり、ホチキスで綴じました。

小学校の図書室には、それほどたくさん本がありませんでしたが、『シャーロック・ホームズ』のシリーズなどを読みます。小さな新刊書店が近所にあり、学校帰りに立ち寄って、『りぼん』や少女マンガのコミックスを買っていました。

中学に入ると、友だちとマンガを回し読みします。米沢で一番にマンガが揃っている書店に入り浸って、一日中立ち読みして店員に怒られたことも。

高校では、受験勉強から逃避して、学校の図書室で本を読みます。太宰治の『人間失格』は、劣等感を持つ自分を投影して読みました。

一人暮らしがしたいと、新潟の大学に進学し、社会学を専攻します。この時期は社会学や宗教学などの新書を読んでいました。その後、留年、休学、復学とフラフラしていたところに、東日本大震災が起こり、何かやらないと！と学内で読書会を呼びかけるも、参加者が集まらずに挫折。そのまま中退します。地元に帰り、NPOや町役場などで働きますが、なかなか腰が落ち着きません。

そんなときに参加した市民講座で、人と本の話ができる楽しさに気づきます。その後、「ほんきこ。」の新年会に出たのがきっかけで、BBOのスタッフとなります。「ゆるいけれど役割分担があって、自分のやりたいことを生かせる場だと思います」

昨年のBBOでは、『Poppo』というリトルプレスをつくります。米沢の木彫玩具「お鷹ぽっぽ」を紹介するものです。小学生で一緒に「たまごっち」本をつくった友だちがデザインしてくれました。なんだかイイ話ですね。

読書について、「次に何を読もうとか、あまり思わないですね。むしろ、偶然知ったり、誰かに勧められて読んでみると、感動することが多いです」と、ナツコさんは云います。大学生のとき、雑誌で知った白石一文の『僕のなかの壊れていない部分』を読んでこの作者にハマりました。最近では、ちくま文庫で復刊された獅子文六の『コーヒーと恋愛』が「すごく笑えてスカッとしました」とのこと。

そんな米沢ナツコさんのお悩みは？

「決められない性格を直したいです」

ナツコさんは、ひとつのことをじっくり考えるのが苦手。これまではその場の状況に合わせて、なんとかなっていたけれど、ここぞというときの決断力がほしいと云います。

今回処方する本

森まゆみ『恋は決断力　明治生れの13人の女たち』（講談社、一九九九／『昭和快女伝　恋は決断力』文春文庫）

タイトルからしてカッコイイですが、登場する女性たちはみんな颯爽としています。まだ女性が家や世間から「良識」を押し付けられていた時代、彼女らは軽々とその枠から広い世界に飛び出ています。

たとえば、女優の北林谷栄はこう語ります。

「わたくし、一つだけ確かなのは、ラッキーチャンスをつかんだら決して離しちゃいけないということね。（略）チャンスを得るには、自分の持っているものをふだんから示し続けることです。自分で用意してね。それを見ている人はきっといる」

書名にもなった「恋は決断力」で九十歳になった鈴木真砂女は、波瀾に満ちた恋を語り、一人で暮らすいまが愉しくてしかたがないと云います。ほかにも、吉行淳之介の母・あぐりや、原爆画を描いた丸木俊、歌人の斎藤史らが登場します。

七十代から九十代の女性たちが、自分で決めたこと、選んだことを後悔せず、いまを生きている様には励まされます。

横光利一「機械」（泉社、一九三二／『日輪・春は馬車に乗って 他八篇』岩波文庫、一九八一）

一方、男がぐずぐずする様が描かれる短篇小説が本作です。「私」が働いているネームプレート工場の主人には「金銭を持つと殆ど必ず途中で落としてしまう」という奇癖があります。周りの人々はそのことで迷惑を蒙るのですが、なぜか、主人には独特の魅力があり、許されてしまいます。そして、登場人物はみんな、現実から目を背け、決断を先送りにするのです。

何度も持たせても確実に落としてしまう主人は、コントのようで笑えますが、一方で「一つの欠陥がこれも確実な機械のように働いていたのである」ことには、人間が背負う宿命を感じてぞっとします。

なお、この短篇だけを十年間かけて論じた、宮沢章夫『時間のかかる読書』（河出書房新社）も読みごたえがあります。

村田沙耶香『コンビニ人間』（文藝春秋、二〇一六）

第百五十五回芥川賞を受賞した本作。十八歳からずっと同じコンビニで働き、三十六歳になった主人公には、どう人と話し、どう振る舞えば「普通」なのかが判りません。

それが、コンビニという場では、客との応対や同僚との接し方も、すべてマニュアルが教えてくれると彼女は気づきます。

「そのとき、私は、初めて、世界の部品になることができたのだった。私は、今、自分が生まれたと思った。世界の正常な部品としての私が、この日、確かに誕生したのだった」

彼女には、「部品」として生きようとする明確な意思があるのですが、周りの人たちはそれを許さず、「普通になること」「治ること」を要求します。彼女はその圧力と、自分なりに闘っていくのです。

何かを決めると、そのあとにはすぐそれでよかったのかという不安がやって来ます。人生はその繰り返しだと云えるでしょう。ただ、決めずに後悔するよりは、自分で決断したことをよしとして生きるほうが前向きかもしれません。まあ、そういう私も全然実践できてないので、当てになりませんが……。

お悩み女子

働きたくない

かとうちあきさん（35歳　神奈川）

二〇〇四年、あるミニコミの創刊号が話題になりました。『野宿野郎』というタイトルで、文字通り、野宿を愛好する人のための雑誌です。編集長は二十二歳の女の子ということもあり、週刊誌などでも取り上げられました。

私が同誌編集長のかとうちあきさんと出会ったのは、その二年後に谷根千で行なわれた一箱古本市でのこと。本屋さんごっこに気合の入る店主さんが多いなか、その辺で拾ったビジネス書をやる気なさげに並べる『野宿野郎』の面々は、誌面そのままのゆるさでした。たしかこのとき、かとうさんは遅刻してきたと思います。

ミニコミにはありがちですが『野宿野郎』は第七号を最後に、新しい号が出る気配がないまま六年が経っています。かとうさんからは、「そろそろ出したいんですけどねー」という言葉を毎年聞いているような気がします。

かとうちあきさんは横浜市生まれ。両親と弟の四人家族です。母は教育熱心で、家には絵本が多くありました。その中でも記憶に残っているのが、『ねないこだれだ』（せなけいこ）です。なかなか寝ない子どもがおばけに連れていかれるというストーリーで、宵っ張りのかとうさんはコワかったそうです。まだ字が読めなくても、毎日のように眺めました。

もう一冊は、『ねむいねむいねずみ』（佐々木マキ）。旅をしているねずみが寝られる場所を探すというお話で、「いま考えると、野宿好きのきっかけになったかも」と、かとうさんは云います。

小学校では休み時間のたびに図書室に行って、いろんな本を読みました。「なんてたくさん本があるんだ」と嬉しかったそうです。かとうさんは幼稚園のときから集団行動が苦手で、小学校の教室ではみんなと同じように手を上げることができませんでした。そんなときに、タイトルは忘れましたが、戦時中に田舎に疎開した主人公が村はずれに住むお兄さんと仲良くなる物語を読んで、自分のことのように身につまされたそうです。

中学では、少し大人になって人付き合いもするようになりますが、やっぱり学校という空間が苦手でした。「部活はコンピュータ部。できたばかりで上の学年がいないので、インベーダーゲームで遊んでました（笑）。ほぼ帰宅部です」とかとうさん。コバルト文庫や太宰治の『人間失格』、坂口安吾の『堕落論』、つげ義春や山田花子ら『ガロ』系マンガなどを読んでいました。

高校一年のとき、国語の授業の課題で『沈黙』を読んだのがきっかけで、遠藤周作を読むようになり、彼が描くキリスト教について知りたくて、トルストイやドストエフスキーなどを読みます。この頃は、深刻な文学が好きだったようです。

青春っぽいことをしたくなり、クラスメイトと熱海まで歩いたのが、野宿旅行の最初です。高三では夏休みを使って、青森から下関まで五十三日かけて歩きました。

「それまで地方に行ったことがなかったので、新鮮でした。歩いて行けばどこにでもたどり着けることがうれしかったです」

はじめて行く土地では、自分から声をかけないと知りたいことは判りません。一日中、歩いていると人としゃべりたくなることもあり、積極的にコミュニケーションをとるようになりました。

大学では社会学を専攻。ゼミの先生の影響で、内田百閒の小説や、ガルシア＝マルケスの『百年の孤独』など南米のマジック・リアリズム文学を読むようになります。在学中も四、五カ月かけて北海道を一周するなど、野宿旅行を続けています。「就職せずに、プラプラして生きたい」と、卒業後は、それまでアルバイトしていた介護の仕事をそのまま続けています。

二年前には、横浜で〈お店のようなもの〉をオープン。商店街の一角にあるボロボロの家屋に、どこから拾ってきたのかよく判らないモノが置かれていて、誰が店主なのか、いつ開いているのかもはっきりしない、まさに「のようなもの」な場所です。ときどきイベントを開催しながら、客かどうかも判らない人たちと楽しく過ごしています。

読書には波があって、この十年ほどはほとんど小説を読まなくなっています。野宿旅行に本を持って行っても、読まずじまいのことが多いそうです。

「いまよりも働かなくなったら、もっと読むようになるんですけどね」と、かとうさんはのほほんと笑います。

そんなかとうさんのお悩みは？

「働きたくないんです」

たくさん働いてお金を稼ぎ、豪華旅行をするよりも、働かずに野宿旅行する方がいいと、彼女は云います。

私だって働かずに楽しく生きたいとはいつも思っているんですが、現実はなかなか厳しいです。でも、かとうさんの場合、悩みというよりは、こう生きるんだという「宣言」にもとれますね。つよい意志を感じます。

今回処方する本

トム・ルッツ、小澤英実ほか訳『働かない 「怠けもの」と呼ばれた人たち』（青土社、二〇〇六）

分厚いので読みとおすのがちょっと大変ですが、本書は、アイドラー、ラウンジャー、ヒッピー、スラッカーなど、歴史上に現れた「怠けもの」の姿を描いています。

とくに興味深いのが、ハーマン・メルヴィルの小説『バートルビー』についての考察です。ウォール街の事務所に雇われたバートルビーは、主人が依頼した仕事に対して、「しないほうがいいのですが」と答え、それ以降、まったくなにもしないのです。

著者はこう指摘します。

「メルヴィルが示唆したこととは、ある文化における社会的な価値観も、ときには支配力を失う可能性があり、そうなれば、ほかの人々には抵抗しがたく思える「働け」という社会的圧力にも、それに負けじと抵抗する者が出てくるということだ。彼らができれば働かないほうがいいと思うのは、ただ「しないほうがいい」からなのだ」

三浦しをん『まほろ駅前多田便利軒』（文藝春秋、二〇〇六／文春文庫）

便利屋として毎日忙しく働く多田のもとに、高校時代の同級生だけどほとんど接点のなかった行天が転がり込んできます。多田は、何を考えているのかよく判らない行天になんとなく押し切られて、彼を居候させます。

行天は多田の仕事先に律儀についてきますが、まともに作業はしないし依頼主を怒らせるしで、役には立ちません。多田はイラついて、行天を追い出そうとしますが、いざいなくなると必死で探すのです。多田も行天も、過去の出来事を原因とする「空虚」を抱えていて、ときどき日常の裂け目からそれが現れます。言葉に出すことなく、お互いを思いやる関係が描かれます。

続篇『まほろ駅前番外地』、『まほろ駅前狂騒曲』と話が進むにつれ、行天は少しずつ社会復帰しているように見えますが、多田がちょっと目を離せば、すぐさま働かなくなります。その危なっかしさが、かえって魅力的です。

カレー沢薫『負ける技術』（講談社、二〇一四／講談社文庫）

著者は、マンガ家になりたいと夢見てデザイン系の専門学校に通うも、マンガを描き上げないまま違う仕事に就き、ハードルの低い新人賞に引っかかってマンガ家デビューしたそうです。

現在は会社員として働きながらマンガを描くという生活で、結婚をして自宅も購入しています。世間的には順風満帆のようですが、ご本人によれば、いろんなものに負け続けている日々だとのこと。このエッセイで、著者はリア充の連中をはじめ、さまざまな仮想敵に闘いを（一方的に）仕掛け、（一方的に）負け続けます。その自虐っぷりがたまりません。

ちなみに、著者がマンガを描くときのBGMは、映画の『八甲田山』。「自分が「もうだめだ」と思ったところで、タイミング良くスピーカーから寒さにやられた隊員たちの断末魔の叫びが聞こえてきたりする」と、「もはや私の代わりに叫んでくれているといっても過言ではない」と感じるのだそうです。……働くのってタイヘンですね。

一九七五年のドラマ『俺たちの旅』で、中村雅俊らは会社員をやめて、やりたいように生きるために、自分たちで「なんとかする会社」をつくります。かとうさんの〈お店のようなもの〉を知ったとき、このドラマのことを思い出しました。固定概念から抜け出し、社会の網の目をくぐるように、できるだけ働かずに楽しく生きる。かとうさんがその夢を実現できたらいいなと思います。

お悩み女子

落ち着きがない

前野パン子さん（13歳　仮名　宮城）

子どもの頃、家の商売が本屋だったらいいのに、と思っていました。店にある小説やマンガが自由に読めるからです。

そんな理想的な生活を送っているのが、仙台に住む前野パン子さんです。両親は青葉区で〈ｂｏｏｋ　ｃａｆｅ　火星の庭〉を営んでいて、店内は古本であふれています。母の前野久美子さんは「ＢＯＯＫ！　ＢＯＯＫ！　Ｓｅｎｄａｉ」のメンバーとして、毎年六月にサンモール一番町で開催される一箱古本市など、さまざまな本に関する活動を行なってきました（一箱古本市は二〇一五年でいったん終了）。

私がパン子さんとはじめて会ったのはちょうど十年前。まだ幼かった彼女がすっかり大人びてきたのを見て、月日の流れを感じます。

〈火星の庭〉は、パン子さんが生まれる三年前に開業しています。両親とも店にいるので、彼女も保育園が終わると店で過ごしていました。遊ぶのもご飯を食べるのも、ここでした。

この店と一緒に育ってきたと云えるでしょう。

最初に読んだ絵本も、この店の棚に並んでいるものでした。憶えているのは、『バーバパパかせいへいく』（アネット・チゾン、タラス・テイラー）。イラストっぽく細かい絵で植物が描かれているのが好きでした。絵本は店から持って帰り、家で母に読んでもらいました。

小学校に入ると、学校の図書室でも本を借りるようになります。そのころ好きだったのは、『ふしぎなかぎばあさん』（手島悠介・作、岡本颯子・絵）。かぎっ子の少年が見知らぬおばあさんにご飯をつくってもらう話。「おいしいものが出てくるお話が好きなんです」とパン子さんは笑います。

ヒュー・ロフティングの『ドリトル先生』シリーズや、アストリッド・リンドグレーンの『長くつ下のピッピ』シリーズも愛読しました。とくに『ドリトル先生アフリカゆき』『ピッピ南の島へ』が好きで、「行ったことのない場所を想像するのが愉しいんです」。

また、店にあった手塚治虫、赤塚不二夫や大島弓子の『綿の国星』などの名作マンガを繰り返し読みます。自分でも絵を描くのが好きで、マンガのキャラを真似したり、お話を考えて書いたりします。

それが高じて、なんと、小学六年でオリジナルの文集をつくってしまいます。早川茉莉編『なんたってドーナツ』や『アンソロジー　お弁当。』などを読み、同じテーマについていろんな人が書いているのが面白いと、母やその周囲の大人たちに文章を依頼して、「もう一度行ってみたい場所」と「わたしの好きな丸いもの」について書いてもらいました。手書きやパソコンで打った文章を紙に貼り、包み紙などのコラージュで飾りました。タイトルは、『自転車とタルタルソース』。手づくりだけど、ちゃんと「本」になっていることに感心させられます。

さらに、店にある『別冊太陽』がテーマ別に編集されていることに影響を受け、自分でも、ドリトル先生に出てくる船の碇について調べて、本にまとめることも構想中。読んだことを消化して、カタチにしたいという欲求が強いんですね。それが本を調べることに結びついているのがすごいです。

平松洋子のエッセイなど、食べ物に関する本はずっと好きで、武田百合子の『日日雑記』は「おいしくないものの描きかたがいい」そうです。また、平野紗季子『生まれた時からアルデンテ』には、食べることについての多様な見かたを教わったと云います。

映画やマンガでは具体的に食べ物が見せられるのに対し、文章だけで匂いやおいしさが伝わる本が好きだと、パン子さんは云います。電子本は「目が疲れる」から読まないそうです。

中学では吹奏楽部に入り、なかなか新しい本が読めないというパン子さんですが、将来は農家になってお米をつくりたいという夢を持っています。店に野菜を届けている農家さんに話を聞くなど、すでに新しいテーマのリサーチがはじまっているようです。

そんな前野パン子さんのお悩みは？

「落ち着きがないんです」

モノを落としたりなくしたりすることが多いそうで、「身の回りの整理がきちんとできるようになりたいです」とのことです。

私には、中学一年にしてはじゅうぶん落ち着いているように見えるんですが、親や先生からそういうことを云われているのでしょうか。

今回処方する本

長嶋有『ぼくは落ち着きがない』（光文社、二〇〇八／光文社文庫）

「落ち着き」という言葉でまず思い出すのが本書です。高校の「図書部」の部室に集まる図書部員たちの日常を描いた小説です。

彼らはいつも、つまらないことで笑ったり怒ったり、誰かに恋したり、誰かに傷つけられたりしています。十代特有の浮遊感が「落ち着き」のなさを生むのでしょう。大人になった側からすれば、その落ち着きのなさが、なんだか輝いて見えるのです。

若竹七海『さよならの手口』（文春文庫、二〇一四）

もっとも、大人になればみんなが落ち着くわけじゃありません。主人公・葉村晶は、女探偵としては有能ですが、なぜか不幸な出来事が次々と彼女に降りかかってきます。アルバイトしている古本屋で買い入れに行った家で、床が抜け彼女は骨折します。おまけに床下からは頭蓋骨が見つかるのです。

晶自身は静かな生活を送りたくても、古本屋の店主、元女優の芦原吹雪、晶のシェアハウスに同居する倉嶋舞美らが次々と難題を持ってきます。とても落ち着いてはいられません。しかし、身に危険が迫っても、彼女にとって探偵はやはり天職なのです。

ミステリ専門の古本屋（吉祥寺に実在していました）が舞台になっていることもあり、作中には多くのミステリ作品が登場します。この店でやった「骨ミステリ・フェア」は、ちょっと見てみたかったです。

沢村貞子『わたしの三面鏡』（朝日新聞社、一九八三／ちくま文庫）

数々の映画に出演した沢村貞子は、高峰秀子と並ぶエッセイストとしても知られています。本書は七十代で夫と二人で暮らす日々に感じたことを綴っています。

生まれつき「知りたがり屋」だったという沢村さんは、歳を取っても好奇心旺盛。「新しいことを知るのは楽しい」と、テレビを見たり本を読んだりしています。その歳でも現役の女優として忙しい毎日を送っていることもあり、「何しろ終着駅はついもうそこに見えているのに、やりたいことがむやみに多い」のです。それが老けこまない秘訣なのだ、と沢村さんは云います。

いろんなことに興味を持ち、やってみたいことの多いパン子さん。「落ち着きがない」と人に云われても、好きなことをどんどんやってください。その中で、これという道筋が見えてくるころには、きっと誰からもそんなことを云われなくなっていると思いますよ。

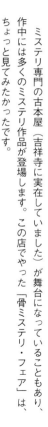

就活でスーツを着たくない

恵加手りなさん（21歳　仮名　茨城）

二〇一六年八月に茨城県つくば市で「友朋堂書店一箱古本市」がありました。友朋堂というのはつくば市内に数軒あった新刊書店です。地元の本好きに親しまれた書店ですが、二〇一六年二月に閉店しています。この企画は、閉店した本店のシャッターを開けて、その中で一箱古本市を行なうというものです。営業時に使っていた棚ひとつ分に、各出店者が本を並べて販売します。店主さんが「この店で買って読んだ本です」と云えば、お客さんもかつて通っていたときの思い出を語るというように、読書の記憶を引き出す場になっていました。

恵加手りなさんはこのとき、「越境文庫」という屋号で旅や異文化についての本を並べていて、印象に残りました。現在、市内の大学の四回生。はにかみ屋な感じですが、好きな本について話すときは表情が豊かになります。

父の仕事の関係で、北九州市で生まれ、一年後に北海道に引っ越します。育ったのは札幌市です。大学で韓国語を教える父と、新聞記者の母、七つ下の弟の四人家族。両親の仕事柄、各自の部屋に大きな本棚があるほか、トイレには共同の本棚があって、オススメの本が並んでいたそうです。

幼い頃に読んでいたのは、『おしいれのぼうけん』（ふるたたるひ、たばたせいいち）、『大どろぼうホッツェンプロッツ』（オトフリート・プロイスラー・作、中村浩三・訳）など。「色づかいがキレイで美しく感じた」ので荒井良二の絵本もよく読んだそうです。

小学生になると、学校の図書室で世界の名作や、ルパン、ホームズ、怪人二十面相などのミステリものなど、全集やシリーズを片っ端から読みます。また、通っていた学童保育はマンガの宝庫で、『キャンディ・キャンディ』や『のだめカンタービレ』など新旧の作品や、『ちゃお』『りぼん』などの雑誌を読みます。

家にたくさんの本があったこともあり、えり好みせず何でも読んでいます。もっとも、これには運動や集団行動が苦手な性格も関わっているのかもしれません。

中学から高校にかけては吹奏楽部に入り、クラリネットを演奏します。朝練も含め、毎日練習していました。余談ですが、本書に登場する女性の吹奏楽部への所属率はちょっとびっくりするほど高いです。ちなみに私も吹奏楽部でした。本と吹奏楽には、なにか深い結びつきがあるのかもしれませんね。

この頃になると、本の好みがはっきりして、恩田陸、角田光代、星新一などの作家を読むようになります。佐藤多佳子や梨木香歩の作品は、同じ年代の女の子が主人公で感情移入しやすかったそうです。一方、趣味に合わないと、途中で読むのをやめる本もありました。教室で読むことも多く、むしろ周囲の音があった方が読書に向いているそうです。

「だから、いまでも喫茶店で本を読むのが好きなんです」と、りなさんは云います。

高校では部活動と受験勉強の両立で精いっぱいで、あまり本は読めなかったそうです。ただ、この頃から付けはじめた手書きの日記は、いまでも続いているとのこと。

「当時はマジメになりすぎて、行きづまっていました。早く大学に行って違う世界を見たいと願っていたんです」

つくば市の大学に入学し、二年から一人暮らしをはじめます。札幌では中心地で暮らしていたので、人が少ない町に寂しさを感じ、先の友朋堂書店に通いました。また、出版社のミシマ社がインターンを募集しているのを知り応募、ときどき通って仕事の手伝いをしています。そこで勧められた本も読むようになりました。

大学では三年で経済学を専攻しますが、四年で本来行きたかった人類学専攻に移ります。

「ディティールの積み重ねから大きな物事が見えてくる」ことに魅力を感じ、はじめて研究する喜びを知ります。最近は専門書のほかに、武田百合子『富士日記』などの日記文学や、何でもない人生について論じた岸政彦『断片的なものの社会学』などが面白かったと云います。

やりたいことが見えてきたせいか、これまで読んできた本から得たものが、ちょっとずつつながってきているようです。そういう時期って、何を読んでも面白いんですよね。

取材の翌月には、ロシアに留学し、卒論のテーマを探すつもりだと話してくれた彼女ですが、いまはモスクワで充実した生活を送っているようです。

そんなりなさんのお悩みは？

「就職活動でスーツを着たくありません」

みんながスーツを着て、似たメイクで就職活動に臨むのがおかしいけど、いざ同じ立場になると自分もそれを受け入れてしまいそうで不安だと云います。

今回処方する本

朝井リョウ『何者』（新潮社、二〇一二／新潮文庫）

卒業を控えた大学生が誰でも抱くであろう、就職活動への恐怖と疑問を描き、直木賞を受賞した作品です。いまどきの就活の「あるある」をきっちり押さえて、複数の登場人物を描き分けています。

主人公は、りなさんがいま感じているような就職活動への認識は間違っていると云います。

「自分は、幼いころに描いていたような夢を叶えることはきっと難しい。だけど就職活動をして企業に入れば、また違った形の『何者か』になれるのかもしれない。そんな小さな希望をもとに大きな決断を下したひとりひとりが、同じスーツを着て同じような面接に臨んでいるだけだ」

しかし、一歩引いたところから友人たちの就活を観察している彼が、変わらざるを得ない出来事が起こります。そのとき、この小説が一人称で書かれなければならなかった理由が判るのです。

香山リカ『就職がこわい』（講談社、二〇〇四／講談社＋α文庫）

若者のなかに、就職活動を忌避し、「無業」を選ぶ傾向があることを指摘し、その背景にある心理を分析しています。十二年前の本なので、データは最新ではありませんが、いまでも通じる内容だと思います。

著者はこう述べます。

「若者は、何もかもやりたくないわけではなくて、「本当にやりたいこと」「自分にしかできないこと」ならおおいにやる気はある。ただ、それを自分で見つけることもできないし、それより問題なのは、「本当にやりたいこと」など大部分の人は見つけることができないのである」

北森鴻『凶笑面』（新潮社、二〇〇〇／新潮文庫）

ほかの人と同じ道をたどらずに、自分の生き方をつかんだように見える主人公の小説です。北森鴻の「蓮丈那智フィールドファイル」シリーズは、美貌にして孤高の民俗学者・蓮丈那智が事件に遭遇するもので、知的好奇心をくすぐってくれるミステリです。著者は惜しくも亡くなりましたが、パートナーの浅野里沙子が引きつぐかたちで、遺作を完成させています。

たしかに、蓮丈が就活でスーツを着ているところなど想像できませんね。助手の内藤三國は普通に着ていそうですが……。ただ、孤高の天才であり続けるためには、それを引き受けるだけの苦しみもあるのではと、平凡な私なんかは思います。

りなさんは子どものころからマジメだったそうですが、いまの若者は全般に真面目すぎるところがあるような気がします。だから、うまくいかないときに、自分を丸ごと否定されたような気持ちになるのでしょう。「他人のことだから」と憤慨されるかもしれませんが、もっと適当にやってみてもいいんじゃないでしょうか？　読書だって、肩ひじ張っていたら得られないものがたくさんあるのですから。

お悩み女子

悪口ばかり云ってしまう

辻佐知子さん（44歳　新潟）

二〇一六年十一月、はじめて沖縄に行きました。那覇市で開催された「沖映通りえきまえ一箱古本市」に参加したのです。会場は観光の中心地である国際通りに接する目抜き通りで、〈ジュンク堂書店〉の那覇店もここにあります。

その路上に約七十箱が出店しました。エリアごとに、「でーくにー（大根）村」「ゴーヤー村」など野菜にちなんだ名前が付けられ、「村長さん」がいるのがユニークです。私は「なーべらー（へちま）村」に出店しました。

お客さんが気さくに話しかけてくるのが、沖縄らしいです。また、沖縄関連本、なかでも「県産本」と呼ばれる地元出版社の書籍や雑誌を並べる箱が多く、それを手に取っている人がいるのも、沖縄ならではの特色だと思います。これだけ郷土本が愛されている土地は、私が知る限り、ほかにありません。

この一角に、コーヒーの屋台が出店していました。十一月でも汗をかくほど暑い日で、アイスコーヒーがとても美味しかったです。その〈珈琲屋台ひばり屋〉さんは、いつもは別の場所で営業しているというので、翌日行ってみました。

ゆいレール（モノレール）の美栄橋駅近くの路地を入ると、道の脇に店名が書かれたやかんが置かれています。これが営業中のサインです。家と家に囲まれた中庭のような空間の奥に、屋台が設置されています。手前にはベンチがいくつかあり、コーヒーを手にしたお客さんがくつろいでいます。見上げると、上に延びるモノレールの軌道が目に入ります。自分はいまどこにいるんだろう？　と不思議な気分になります。雨の日は休みで、配達だけやっているそうです。

その屋台に寄りかかって、コーヒーを飲みながら、店主の辻佐知子さんに話を聞きました。

辻さんは広島県で生まれ、千葉県で育ちました。父と母、兄と弟の五人家族です。公務員の父は本好きで、最初は団地で暮らしていましたが、一軒家に住むようになってから、どんどん増えていきました。父は小説から歴史もの、ベストセラーまで、さまざまな本を読んだそうです。

小さい頃は寝る前に、母に『ぐりとぐら』（中川李枝子・作、大村百合子・絵）などの絵本を読んでもらいました。自分で読むようになってからは、『いやいやえん』（中川李枝子・作、大村百合子・絵）、『ふしぎなかぎばあさん』（手島悠介・作、岡本颯子・絵）などが好きでした。グリム童話や小学生向けの「日本の歴史」も読みました。

マンガも好きで、『なかよし』や兄から借りた『コロコロコミック』などを読んでいました。『りぼん』は友だちに借りて読みました。ここに載った佐藤真樹のマンガはいまでも好きで、ときどき読み返して泣いてしまいます。アイドル雑誌の『平凡』や『明星』も欲しかったけど、おこづかいが足りず買えなかったのが悔しかったそうです。小学生の頃は河合奈保子が好きで、写真集も買ったそうです。

中学では吹奏楽部に入り、打楽器を担当します。この時期は本屋でマンガや雑誌などを買っています。

はじめて自分で買った活字の本は、中学三年のとき、友人に勧められた、コバルト文庫の波多野鷹『Ａｑｕａ　水のある風景』です。「女子高生が主人公で、この時期特有の甘酸っぱい感覚が表現されています。これまで何度か読んでいますが、年を重ねるにつれて、懐かしさが強くなっていきます」と辻さんは云います。彼女にとって、大事な一冊なのですね。

それから本が好きになって、高校一年生のときは一日に二、三冊のペースで本を読みます。

「高校が面白くなくて、休憩時間に人と話すのを避けるように本を読んでいました。好きだったのは、新井素子の『おしまいの日』。この頃からエッセイが好きになって、いろんなエッセイ集を読みました」

高校卒業後、写真専門学校の映画学科に入学。相米慎二の『台風クラブ』『東京上空いらっしゃいませ』などを観て、映画の世界に行きたいと思ったからです。学校で演出や制作を学びながら、年に二百本くらい映画館で映画を観ます。監督、俳優、スクリプターなどの出てくるものなど、映画本も多く買いましたが、「買っただけで満足していたみたいですね」と笑います。

卒業後も職員としてその学校に残り、自主映画をつくっていたのですが、二十六歳で広告代理店に就職します。そこで、いろいろな食の企画に関わるなかで、「飲食の現場で働きたい」と思うようになりました。居酒屋やバーでアルバイトしますが、「いろいろうまくいかなくて、自分が虫けらみたいな気分になっていました」と辻さんは云います。

そんなとき、ふと、「沖縄で昼間の屋台をやろう！」と思いつきます。沖縄が好きでなんどか遊びに行っていたことと、外で飲み食いする店がやりたいと考えたからです。以前は嫌いだったコーヒーを、三十代になって好きになっていたこともあり、コーヒーの屋台に決めました。コーヒーに関する本を集めて読みます。

二カ月後には早くも那覇に移住し、場所を探し、二〇〇四年七月、国際通り近くの駐車場で〈珈琲屋台ひばり屋〉をオープンします。三年後にそこを立ち退かなければならなくなり、別の場所で九年、そして現在の場所と、十三年間続けてきました。

「はじめた頃、浦沢直樹の「20世紀少年」が連載中で、そこに「あきらめないことが大事だ」というセリフがあったんです。それを繰り返し読み、毎年の手帳に抜き書きしています。屋台をやってきてよかったと思います。お客さんによくしてもらったので、これまで続けてくることができました」

ここ数年は映画を観たあと、その原作を読むのが好きだという辻さん。「映画と小説では表現方法が違うので、どちらも楽しめますね」

取材時には「いまの場所に建物が建つことになって、移転先を探しています」ということでしたが、二〇一七年四月には新しい場所でオープンしました。

そんな辻さんのお悩みは？

「悪口ばかり云ってしまうんです」

好きか嫌いかがはっきりしていて、すぐ批判的なことを云ってしまうそうです。屋台を選んだのも、お金のことなどで人ともめることが少なく、ひとりで完結できるからだそうです。沖縄には「もあい」（頼母子講）といって、お金を融通しあう互助的な集まりがありますが、そういうものにも参加していません。

たしかに、人のつながりを重んじる地域社会では、意見をはっきり云う人はやりにくいこともあるかもしれませんね。

こんな本を読んでみてはどうでしょう？

今回処方する本

有吉佐和子『夕陽ヵ丘三号館』（新潮社、一九七一／文春文庫）

大阪から本社に転勤した一家が、商事会社の社宅に住みます。妻の音子は、大阪の住まいとは違う近代的な団地に喜びますが、その中での人間関係に悩みます。隣の棟から生活を覗き見られ、行動は筒抜けになっています。同じ会社に勤める夫も、学校に通う子どもも、すべてが比較とやっかみの対象にされます。音子は主婦Aから主婦Bの悪口を聞かされ、BからはAの悪口を聞かされるのですが、いつの間にかAとBは仲良くなって音子が悪者にされてしまいます。

団地をほかの組織や共同体に置き換えてみると、だれにでも思い当たるところがあるはずです。いわば社会の縮図なのです。ここで描かれるスラプスティックな騒動を見て、どこも同じなんだと、ちょっと気が楽になるのではないでしょうか。

吉屋信子『私の見た人』（朝日新聞社、一九六三／みすず書房）

少女小説の大家として知られる吉屋信子は、無類の人物コレクターでもありました。雑誌の対談などでさまざまな分野の人物に会うことの多かった彼女は、冷静に一歩距離を置いたところからその人物を「見て」います。

本書には、政治家の田中正造、アナキストの大杉栄、作家の直木三十五や菊池寛、落語家の古今亭志ん生らが登場しますが、なかでも、女性に対する吉屋の描写は、冷徹なまでにリアルです。

新進女流作家だった田村俊子は、長年滞在していたカナダから帰国します。お金にも男にもだらしなかった田村は、周りの人に迷惑をかけるのです。その田村の十九回忌に出席した吉屋は、こう書きます。

「俊子のごときだらしなく女友だちのみなにあらゆる迷惑をかけっ放しで生涯を終わったひとが、かくも女友だちから変わらぬ友情を受けるとは——女同士の友情は男の友情よりもっと神秘な複雑微妙なものであるのかも知れない」

感情を表に出さずに、皮肉を効かせているのがすごいですね。

川崎洋『かがやく日本語の悪態』（草思社、一九九七／新潮文庫）

悪口が出てしまう癖が治らないようなら、いっそのこと、悪口の技術を磨いてみてはどうでしょうか？　本書は、詩人の川崎洋が採集した、落語や芝居、映画などに出てくる悪態のオンパレードです。

「方言に表現を得た悪態」の章では、沖縄の悪態も紹介されています。「ふらー」（馬鹿）、「うんぼう」（助平）、「らっぱー」（うそつき）、「ゆーくー」（けち）などなど、沖縄出身でない辻さんがこれらの悪態を使いこなせば、かえって称賛されるかも!?

最後に、『かがやく日本語の悪態』の次の文章を、辻さんに贈ります。

「悪口を言う時って自分が裸になります。その悪口に嫉妬が混じっていれば、その人がどんな劣等感を持っているかが明らかになります。つまり悪口を介してお互いの腹の底を見せ合うことになるわけで、またその分親しさも増すというわけです」

悪い方向に取る癖がある

真喜屋志保さん（35歳　沖縄）

はじめて行った那覇では、見るものすべてがもの珍しく、歩いていると面白い発見が多かったです。なかでも、食堂の多さには驚きました。東京だとチェーン店に押されて、昔ながらの定食屋は少なくなっています。でも、ここ那覇では、あちこちに何十年もやっている食堂が見つかるのです。しかも、どの店もメニューが豊富で、安くて、量が多い！

そんな一軒で、知り合いの古本屋さんと飲んでいた席に、ひとりの女性が加わりました。真喜屋志保さんといって、笑うと覗く健康的な歯が印象的です。トランペットを吹いて、絵も描くのだと聞いて、この人の本との付き合い方を知りたくなりました。

沖縄っぽい姓からこちらの出身かと思えば、沖縄の人と結婚していまの姓になったので、ご本人は神奈川県の金沢八景生まれでした。

実家では、内装業を営む父と郵便局で働く母、三つ上の姉の四人暮らし。父は生きものや植物の本が好きで、本棚にはそれらがずらりと並んでいました。母はデザイナーで絵本の装丁も手掛けた堀内誠一のファンで、彼が著書で勧めた絵本を選んで、真喜屋さんに読んでくれたそうです。『げんきなマドレーヌ』『マドレーヌといぬ』などのマドレーヌのシリーズ（ルドウィッヒ・べーメルマンス作・絵、瀬田貞二・訳）が好きでした」と真喜屋さん。

「両親は大学の登山部で出会ったので、私が子どもの頃から毎週のように山に連れていかれました。家では猫やヘビ、ウシガエル、ウナギを飼っていて、家族みんなが動物好きだったので、動物が主人公の本が好きになりました。きつねとたぬきが仲良くなろうとするけど、お互いの家で「とんでもない」と反対されて……という絵本が好きでしたね」

それは、『こぎつねコンとこだぬきポン』（松野正子・作、二俣英五郎・絵）のことかもしれないですね。

小学五年生で造形教室に通い、そこに置いてあったいがらしみきおのマンガ『ぼのぼの』を読み、自分で買いはじめます。『ぼのぼの』からはものの見方とか視点を学んだと、真喜屋さんは云います。「ユーモアを大事に、説教くさくなく、正しすぎない、ということでしょうか。大人になってから読んだ川上弘美さんのエッセイにも、似たようなものを感じました」

また、鼓笛隊でトランペットを吹くようになり、中学では吹奏楽部に属します。高校からはトランペットの個人レッスンも受け、オーケストラにも入りました。その後、二浪して、沖縄の芸術大学に合格、首里でひとり暮らしをはじめます。

「高校では、『Olive』で知った吉本ばななや江國香織の本を読みました。吉本ばななの父・吉本隆明の写真を見て、こんな顔の人がどんなことを云っているんだろう？　と糸井重里が聞き手になったインタビュー集『悪人正機』を読みました。大学の頃は、市立図書館に行って、アーティストのジョージア・オキーフが住んだ家を撮った『オキーフの家』や、赤瀬川原平の写真集を眺めていましたね。ものの見方を刺激される本が好きなんです」

真喜屋さんは大学三年の頃、演奏するのが辛くなって、大学を休学して実家に帰り、泣き暮らしていたそうです。そんなとき、小学生以来ご無沙汰だった絵を描いてみると、楽しかったといいます。「仕事にしなくていいから、音楽を続けたい」と思うようになり、卒業後は公民館に勤めながら、音楽と絵の両方に携わっています。

「これまで、ロックバンドやジャズのオーケストラに参加しました。沖縄ではトランペット吹きが少ないので、声をかけられることが増えてきましたね。絵のほうも、那覇市内の珈琲屋さんで個展をさせていただき、人に見てもらう楽しさを感じています」

いろんなことに手を出しすぎて、落ち着きのない生活になっているという真喜屋さんですが、やりたいことを続けられる日々を楽しんでいるようでした。

そんな真喜屋さんのお悩みは？

「なんでも悪い方向に取る癖があるんです」

真喜屋さんの家族はみんな熱くなりやすく、ケンカがちょっと激しかったと云います。そして矛先が自分に向かうのが怖くて、できるだけ怒られないように生きていきたいと思うようになったそうです。そのせいか、人から云われたことをつい邪推してしまいがちです。「だいたいの人には嫌われていると思っています」と真喜屋さん。そんなことを気にして、のびのびと音楽ができなくなってしまうのが怖いと云います。

那覇の明るい風土に溶け込んでいるように見えるのですが、聞いてみないと判らないものですね。

今回処方する本

松本清張「顔」（『松本清張短編全集5　声』カッパノベルス、一九六四／光文社文庫）

ネガティブな人物を描かせたら、松本清張の右に出る人はいないでしょう。まず、清張自身が拗ねた人でした。貧しい家庭に育ち、苦労して新聞社に入りますが、学歴コンプレックスもあり友人の少ない生活を送ります。芥川賞を受賞し、その後、流行作家になっていても、どこか猜疑心を捨てきれなかったようなところがあります。

初期の短篇「顔」は、殺人を犯した主人公が、その犯行を目撃したと思われる相手の動向を監視します。俳優として成功しようとしているいま、その男の存在が目障りなのです。

「ぼくは幸運と破滅に近づいていっているようだ。ぼくの場合は、たいへんな仕合わせが、絶望の上に揺れている。（略）ぼくは、のしあがったとたんにつづく破滅を今から幻想している」

結局のところ、男の様子を探ろうとしたことがきっかけとなって、彼は破滅を迎えます。このように「邪推から墓穴を掘ってしまう」人物は、清張作品の典型と呼べるでしょう。余計なことをしなければいいのにと思いつつ、そうせざるを得なかった気持ちに共感してしまいます。私は、清張作品の犯罪者のまとう悲しさや寂しさが好きなのです。

太宰治「畜犬談」（竹村書房、一九四〇／『きりぎりす』収録、新潮文庫）

「私は、犬に就いては自信がある。いつの日か、必ず喰いつかれるであろうという自信である。私は、きっと噛まれるにちがいない。自信があるのである」という書き出しからして、笑ってしまいます。「自信」という言葉に、こんな使いかたがあるなんて！

主人公は犬に食いつかれないために、先回りしてあれこれ対策を考えます。しかし、それを実現に移すまえに、小さな黒い犬が私の家に棲みつくのです。そこからの微妙な感情の変化が、ほほえましくも楽しいです。

「親友交歓」などもそうですが、太宰治は自分の嫌なもの、異質なものを対象とするときに、とくにユーモアの才を発揮します。

山本善行撰『埴原一亟 古本小説集』（夏葉社、二〇一七）

最後に、楽観的な人物が登場する本も紹介します。

埴原一亟は「はにはらいちじょう」と読みます。芥川賞の候補に数度なりましたが、文学史に名前を残すことはありませんでした。しかし、さまざまな仕事をしながら書いた彼の小説は、平易な文章で自分も含めた底辺の人々の生活を活写しています。本書は、古本屋を営んだ体験を描く短篇を中心に編まれています。

「生活の出発」の島赤三は、その月の家賃すら払えないぐらい追い詰められたところにやって来たある男の提案に、一も二もなく乗ります。

「赤三はいままでかなり刹那的に生きてゆかれる種類の人間で、四、五日食うことに心配がなくなると、もう永久に食う心配がなくなったように、のんびりしてしまうのであった。そんな原始的な経済観念が古本屋のいつか大きな儲があると言う漠とした夢に結びついて、赤三の生活を引きずってゆくのであった」

一息つけたときの安堵と、根拠のない楽観。そして、島の妻や読者の私たちが予感する通り、事態はもっと悪い方へと転がっていくのです。

悲観しても、楽観しても、すべてはなるようにしかならない。そう判っていても、人間は感情を切り離しては生きていくことはできないのです。でも、その気持ちの揺れこそが、真喜屋さんが演奏したり絵を描いたりすることの原動力になっているのではないでしょうか。いつか、那覇で彼女のライブや個展を見たいと思います。

人から怖いと云われる

シモツキアヤさん（22歳　仮名　東京）

ある日、大学四年の女性から取材を受けました。ジャーナリズム学科の学生で、卒論の参考にしたいからと、「谷根千という街と本」について話を聞かれたのです。シモツキアヤさんは、童顔でかわいい感じですが、受け答えは理知的ではきはきしています。

一通り質問に答えて、こんどはこちらが話を聞く番です。「取材を受ける代わりに、こちらも取材させてください」とお願いしてあったのです。

シモツキさんは埼玉県生まれ。自宅のあるのは、都会でもなく田舎でもないベッドタウンです。父はそこで自動車整備工場を営んでおり、母はその事務をしています。二人は幼なじみだったそうです。家族は両親と弟、妹の五人暮らしです。

家には母が持っていた『ぐりとぐら』や『ノンタン』シリーズの絵本があり、よく読んでもらっていました。ほかに、日本昔話やカセット付きのディズニーの紙芝居も好きだったそうです。父は歴史ものが好きで、司馬遼太郎の本が家にありました。

小学生になると、親に市立図書館に連れて行ってもらうようになります。「ひとり二週間で十冊借りられるのですが、いつも目いっぱい借りていました。図書館から帰る車の中でもう読みはじめていました」とシモツキさんは笑います。その図書館では、ボランティアによる本の読み聞かせの会もあり、友だちと一緒に参加したそうです。

その頃好きだったのは、アンネ・フランクやキュリー夫人などの伝記もの。実際にいた人の人生に興味がありました。「学校の図書室に、伝記をマンガ化したシリーズがありました。その中のダイアナ妃の巻の絵がきれいで、面白かったので、ほかの巻も読みました」。ほかに、江戸川乱歩のシリーズなどを読みます。

自宅の工場の近くには、書店が二軒ありました。うち一軒ではCDも扱っていて、中学一年のときにはじめて自分でCDを買ったそうです。それから音楽好きになって、J－POP中心の音楽雑誌『WHAT's IN?』を買っていました。中二でギターを弾くようになります。

この頃、いわゆる「ケータイ小説」がブームになっていたのですが、携帯電話では読まず、本になってから買って読みました。「学校の朝読（朝の読書運動）で、ケータイ小説がはやったんです。好きだったのは、メイ『赤い糸』。恋愛もので、自分の生活からは考えられない、不良や不幸が出てくるのが面白かったんでしょうね」とシモツキさん。

マンガでは、実写化された『NANA』（矢沢あい）、『花より男子』（神尾葉子）などは全巻買ったそうです。古い作品では、叔母さんから譲り受けた『キャンディキャンディ』。「私にもそばかすがあるので、主人公に親しみを感じていた気がします。これまで何度読み返したかわからないほどです」

高校に入ると、東野圭吾や道尾秀介、村上春樹の『ノルウェイの森』などを読みます。また、軽音楽部に入って、女の子同士でバンドを結成します。『MUSICA』『Talking Rock!』などの音楽雑誌を読んで、「自分も記事を書く人になりたい」と思います。また、中学の社会の先生の影響もあり、社会学への興味も出てきました。それで、大学では文学部に入ります。受験が終わってからは、小説が読みたくなって、よしもとばなな、三浦しをん、角田光代などの作品を読みました。

大学ではジャーナリズム学科に進み、三年で出版に関するゼミを選びます。このゼミでは「新書まつり」と云って、週に一冊の新書を読むことになっていて、それまで読んだことのないタイプの本を読むいい機会になったそうです。

この頃から、大学の近くのブックオフに通います。「百円でいろんな本が買えるのが魅力です」。また、〈ヴィレッジヴァンガード〉も好きで、店内にたくさん立っているPOPを見て、村上龍の『コインロッカー・ベイビーズ』を買いました。

最近気に入っている本は、よしもとばななの『もしもし下北沢』。一人の女性が心に傷を負いながらも、下北沢という街で懸命に生きていく物語です。

「この本を読んでいた頃に通った下北沢の街が物語に登場するので、本の世界がまるで現実のような気持ちがして不思議でした。人の息遣いや街の空気感がリアルに感じ取れるところが好きなんです。タイトルに惹かれて買ったのですが、人の生き方や生活に興味を持ってきた私にぴったりな本だったのかもしれません」

卒業後は「本に関わる仕事をしたい」と就職活動をした結果、印刷会社に入社。現在はそこで営業の仕事をしています。


そんなシモツキさんのお悩みは？

「人から怖いと云われるんです」

シモツキさんは、ひとりでいる時間が好きで、人と一緒に騒げない性質です。「私も一緒に楽しみたいと思うのですが、どうしても客観的にその状況を見てしまうんです」。クールに見えるせいか、バイト先の後輩から怖いと云われたそうです。

なるほど。実際にはそう思われていなくても、「怖いと思われているんじゃないか？」という不安が、よけいに距離を広げてしまうのでしょうね。

今回処方する本

森見登美彦『太陽の塔』（新潮社、二〇〇三／新潮文庫）
日本ファンタジーノベル大賞を受賞した、デビュー作です。京都大学に通う男子学生たちのボンクラで妄想あふれる青春を描いた作品ですが、私はこの中に出てくる海老塚先輩が何だか好きです。
主人公の「私」は、海老塚先輩との間に「日本海溝なみの溝が存在しており、いかにしても乗り越えられそうもなかった」と云います。彼から見た先輩はこんな人物です。
「古く暑苦しい「男の美学」が、先輩のすべてであったろう。もはや世人は一顧だにせず、かといって惜しまれる古い美質というようなものでもない、どこでどうやって拾い集めてきたのかわからない男の美学の断片を丁寧に収集し、もって自我の安定を図っていたのである。我々のような理性的人間には、それが明らかに変態の所業に見えた」

もうまったく歩み寄ろうとする気がありません。異星人を見ているかのようです。「私」は海老塚先輩に襲われる夢を見るほど、彼のことを嫌い抜いています。

ところが、その後ふとしたときに海老塚先輩に出会って、「私」の印象は変わります。

「あれから何があったのか分からないが、あの頃のどうしようもないみっともなさは先輩の身体から流れ落ちていた。先輩はむしろ清々しかった」

たしかに、先輩は変わったのかもしれませんが、同時に、海老塚先輩が受ける「私」の印象も変わったのだと思います。時間の流れは、人と人との関係をやり直す力を持っているのでしょう。

木村紅美『まっぷたつの先生』（中央公論新社、二〇一六）

この物語には、二人の「先生」と二人の「教え子」が出てきます。いずれも女性です。先生の一人である沙世は、教え子の律子に慕われています。律子は「学校の中で完璧に振る舞っていた私」を再確認したいと思い、沙世に会います。もう一人の教え子である志保美は、いじめられた自分に何もしてくれなかった沙世を恨んでいます。同じ人間なのに、その評価はまっぷたつなのです。

時をへだてて、先生と教え子は再会しますが、それを手助けするのがフェイスブックというのが、きわめて現代的です。

四人はともに、いまの不幸は過去に原因があるのではと感じていて、互いに問いかけるのですが、答えは見つかりません。微細な心理描写が積み重ねられ息苦しくなりますが、最後まで読まされてしまいます。

福島正実『未踏の時代』（早川書房、一九七七／ハヤカワ文庫）

出版の世界に足を踏み入れたシモツキさんにぜひ読んでほしい本を、最後に紹介します。

福島正実は、一九六〇年に創刊した『ＳＦマガジン』の編集長です。この雑誌からは小松左京、筒井康隆、半村良などがデビューし、七〇年代に「ＳＦの時代」を築きます。いまの日本で当たり前のように目にする映画やアニメやゲームなどのＳＦ的表現は、『ＳＦマガジン』がなかったら生まれなかったかもしれません。その意味で、福島はサブカルチャーの恩人なのです。

しかし、この自伝は新しいものを生み出す際のワクワクする感じよりも、むしろ孤独な苦悩に満ちています。それまでの子どもだましではない、「新しいＳＦ」のかたちをつくるために、福島は四苦八苦するのです。

「それは、いま思い返しても、恐ろしく孤独な作業だった。ぼくは一人だった。相談する相手は一人もいなかった。だれも相談に乗ってくれなかった、というのではない。誰にも相談する気がこっちになかっただけのことである。ぼくは、ぼく自身のSFについての考え方を、一人ぼっちのその作業の中で見きわめたかった。誰の影響も受けたくなかった。誰の忠告も聞きたくなかった」

「一人もいなかった」というのは云いすぎで、実際には多くの人の手を借りて、『SFマガジン』は生まれたはずです。それでも、こう書いてしまうほど、福島はプライドの高い人でした。実際、その性格が原因で大きなトラブルを招き、SFの世界から離れざるを得なくなります。親友だった宮田昇の『新編　戦後翻訳風雲録』(みすず書房)には、周りの誤解によって孤立していく福島の姿が描かれています。

人と調和して生きることが苦手なひとは、シモツキさんだけではありません。でも、年を重ねていくうちに、苦手だった人の別の面が見えてきたりします。それに、人は忘れることが得意です。次にその後輩に会う頃には、「怖い」と思った、あるいは思われたこと自体、覚えていないかもしれませんよ。

お悩み女子

人の気持ちに鈍感

まるまる子さん（25歳　仮名　北海道）

昨年末、北海道の斜里町に行きました。知床半島の付け根にある町です。その前にいた札幌は近年にないほどの大雪で、新千歳空港で九時間釘づけにされた末、やっとの思いで女満別空港にたどり着きました。

苦労してやって来ただけのことはあり、斜里町は明治以来の古い町並みを残す、私好みの町でした。朝、雪の積もる裏通りを散策していたときに、味のある建物を見つけました。一九二九年（昭和四）に町役場として建てられて、その後、町立図書館として使われてきたものです。二〇一五年、そこから離れたところに新しい図書館ができたので、この建物の中に入れないのが残念でした。

「私が図書館で働きはじめたときは、まだ前の館でした。古くて狭くて、最初はびっくりしたのですが、次第に愛着が湧いてきましたね」と云うのは、まるまる子さん。図書館で司書として働いています。地元生まれかと思ったら、旭川市の出身でした。

実家では、両親、弟、祖母との五人暮らし。父は大工さんです。母は主婦で、人形劇のサークルに入っていました。まるまる子さんもよく公演についていって、劇を観ていたそうです。人形劇の材料にするために、家には絵本が多くありました。最初は母に読んでもらっていましたが、そのうち棚から引っ張り出して自分で読むようになります。『こんとあき』(林明子)、『子うさぎましろのお話』(佐々木たづ・文、三好碩也・絵)がお気に入りで、何度も読み返しました。

小学校に入ると、学校の図書館によく行きました。人見知りが激しくて、思ったことを口に出せないおとなしい性格なので、図書館に行くときは一人でした。小学校としては蔵書数が多く、司書の先生もいるという恵まれた図書館で、たくさんの本を借りて読みます。寺村輝夫の料理のお話シリーズ『こまったさんのスパゲティ』『こまったさんのハンバーグ』や、同じ作者のお菓子のお話の『わかったさん』シリーズが好きで、本に載っているレシピの通りにつくってみたりしました。また、『びりっかすの子ねこ』(マインダート・ディヤング・文、ジム＝マクマラン・絵)を読んで書いた感想文は、賞をもらいました。図書委員にもなり、本の貸し出しなどの作業をしていました。

市内には〈こども冨貴堂〉という児童書専門の書店があり、店内をぐるぐる回って棚の本を眺めていました。「内容を読まなくても、本をめくって装丁や目次を観るのが好きでしたね」。この頃から、将来は本をつくる仕事をしたいと思うようになります。

中学校に入ると、ソフトテニス部に入ります。その練習が大変で、家ではあまり本が読めなかったそうです。その代わり、学校では授業の合間に『ハリー・ポッター』シリーズを読み、図書委員をやっていたので昼休みに図書館のカギを開けて、本を読んで過ごしていました。図書館に入っていた『キノの旅』（時雨沢恵一）がきっかけで、ライトノベルの存在を知り、読むようになりました。

高校は、小二から習っていた書道部のある学校を選んで受験しました。ここの図書館も充実していて、読みたい本をリクエストして入れてもらっていました。「自分の好きな本が棚に並んでいるのを見ると、嬉しかったです」。西尾維新や柳広司、神話や天使の本から哲学まで、いろんな本を読みます。図書館には図書委員会と図書局のふたつの組織があり、後者は新聞をつくったりしていました。ここでも、まるまる子さんは図書委員になります。つまり、小学校から高校までずっと図書委員だったわけですね。

高三になって進路を決める時期に、「本に触る仕事がしたい」と考え、図書館司書の課程のある札幌の短大を選びます。自分の大学の図書館のボランティアとなり、展示や広報紙づくり、読み聞かせなどをやります。「この頃は神話学に興味があり、魔女狩りの本とかを読んでいました」とまるまる子さん。

ずっと図書館好きだった彼女は当然、図書館に就職したいと考えますが、正規の司書の採用はなかなかありません。しかし、たまたま斜里町の図書館で正職員の募集があり、厳しい倍率のなか、採用されることになりました。

「同じ北海道でも、斜里町がどこにあるか知りませんでした（笑）。世界遺産のあるところというイメージしかなかったけど、生活するようになっていい町だと思うようになりました。図書館は小さいけど、それだけに利用者との距離が近く、「こういう本がほしい」という声が直接もらえます。いらした方とたわいない会話ができるのもいいですね」

私も行きましたが、町内には〈神田書店〉があります。小さな店ですが、品揃えはいいです。まるまる子さんもときどき行って、目についた本を買うそうです。あとは、車で網走や北見の大きい書店に行っています。「本棚を見て買いたいので、ネットで本を買うことはほんどありません」。旅先でもつい、本屋に寄ってしまうそうです。

図書館で働くようになって、まるまる子さんは、あらためて絵本の面白さを感じているそうです。

「工藤ノリコさんの『ピヨピヨ』シリーズが、すごく好きです。キャラクターの目にグッときます。さらっと読めるけど、泣きそうなほど感動したりする。絵本ってすごいなと思うんです」

そんなまるまる子さんのお悩みは？

「人の気持ちに鈍感なんです」

察しが悪いのか、人の感情の機微にうといところがあると、まるまる子さんは云います。あとから、「ああすればよかった」と思うことも多いのですが、すぐに忘れてしまうそうなのです。だから、もうちょっと人の気持ちが判るようになりたいとのお悩みです。

今回処方する本

山内マリコ『さみしくなったら名前を呼んで』（幻冬舎、二〇一四／幻冬舎文庫）

デビュー作『ここは退屈迎えに来て』（幻冬舎文庫）以来、地方都市でくすぶっている女の子の痛すぎる自意識を描いてきた、山内マリコの短篇集です。どの作品にも、自分の「居場所」を求めてあがく人物が出てきます。

「大人になる方法」の主人公は、年上の男と付き合うことで、自分も大人になったように勘違いします。

「あたしはただたくちゃんのとなりで口をぱくぱく開けてるだけで、自分に必要なものがなんでも自分に備わり、あっという間に完成する、そういうことをしているつもりだった。たくちゃんといることで、あたしはみんなとは違う特別な、一段上の存在になれるんだと思っていた」

この主人公にとって、相手の男は「理想の自分」の象徴です。だから、最後まで「たくちゃん」の気持ちを理解することはありません。この作品集には恋愛もセックスも出てきますが、彼と彼女の気持ちはいつもすれ違っているのです。

金井真紀（絵と文）、広岡裕児（案内）『パリのすてきなおじさん』（柏書房、二〇一七）

フランス語もできず、パリにも詳しくない女性が、パリで集めたのは「おじさん」でした。本書には、パリに住む六十七人のおじさんが登場します。その風貌はイラストで、その人生は文章で綴られるのです。

弁護士、画家、彫金師、本屋、喜劇役者、ワイン屋、塗装工、難民……。さまざまな職業や人種のおじさんが話を聞かせてくれます。裕福そうに見えるひとにもつらい過去があり、命からがら逃げてきた難民にも日々の愉しみがありと、まさに「人は見かけによらないもの」だと思わせる話が並んでいます。

著者は、案内人のおじさんと一緒にパリの街を歩きまわり、「この人の絵を描きたい」と思った人にナンパのように声をかけ、話を聞きます。それは結構タフで、根気のいる作業です。ナチスのホロコーストから生き延びたおじさんの話を聞き終わると、話すほうも聞くほうも疲れ切ったといいます。そういう経験から著者は、「どうやら世界は、思っているよりずっと込み入っていて、味わい深いようだ」と述べます。

人の話を聞きながら、「この人はいま何を伝えようとしているのか」を考えると、自然に鈍感ではいられなくなると思いますよ。

江國滋（選）、日本ペンクラブ（編）『手紙読本』（福武文庫、一九九〇／講談社文芸文庫）

直接人と話すのが苦手だったら、手紙を書くのはどうでしょう？　メールやＳＮＳでもいいのですが、すぐに反応が返ってくるメディアよりも、少し時間のかかるやり方のほうが、考える時間があっていいようです。

本書は、転居通知、祝い状、悔やみ状、依頼状、弁解の手紙、告白状、別れの手紙、恋文、遺書など、さまざまな局面で書かれた手紙のアンソロジーです。

悲しい感情を押し殺して書かれた立派な手紙もあるのですが、むしろ、感情を全開にした手紙のほうが印象に残ります。

文芸文庫版の解説で斎藤美奈子は、こう書いています。

「立派な手紙は人を感動させる。しかし、立派じゃない手紙も人の心を打つ。なぜって手紙はべつだん人格者のためだけにあるわけではないからだ」

人の気持ちに鈍感だとまるまる子さんは云いますが、それは、まるまる子さん自身が「自分の気持ち」を判っていないということでもあると、私は思います。恋愛などで深く人と接すると、隠れていた自分の気持ちに気づくものです。そうなったらきっと、鈍感なままではいられなくなるのではないでしょうか。

話すのが苦手

宇野友恵さん（18歳　新潟）

　毎年参加している新潟市の学校町通で開催されている一箱古本市で、ある女の子に会いました。背が低くて、高校生ぐらいに見える彼女は、私の箱の中をじっくり眺めてから一冊買ってくれました。一緒に写真を撮ってほしいと云われ、怪しい風貌の男のカメラで撮影されました。

　あとで、一箱古本市を主催しているニイガタブックライトの拠点である〈北書店〉の佐藤店長から、「さっき、アイドルの子がナンダロウさんのところに行ったでしょ」と云われて驚きました。彼女は、新潟で活動している四人組のアイドルグループＲＹＵＴｉｓｔ（リューティスト）のメンバーだったのです。たしかに可愛かったけど、アイドルって感じはなかったなあ。ちなみに怪しい男はマネージャーとのこと。

「あの子はともちぃと云って、本が好きなんだよね。それで、今日はうちの店の店番をしてもらったんだよ」と佐藤さん。あとで、そのときの動画を見たら、たしかに彼女がレジに入っていました。それを目当てに来たファンのおかげで、その日の売上は最高だったそうです。

メンバーからのプレゼントだと渡されたのが、サイン入りのセカンドアルバム『日本海夕日ライン』でした。とくに期待しないまま聴きだしたのですが、これがとてもいいのです。アイドルに興味を感じたことのない私が、そのアルバムは毎日のように聴き、ネットにアップされたライブの動画を見て、メンバーそれぞれの顔と声の区別がつくようになりました。そこに、新しいアルバム『柳都芸妓』がリリースされ、そのライブに足を運び……。見事なぐらいハマっていくのです。

ＲＹＵＴｉｓｔは〈北書店〉で「柳書店」と題してイベントを行なっています。トークとライブで構成されるのですが、そこで、ともちぃがオススメの本を紹介しているのです。またブログでも最近読んだ本の感想を書いているのですが、西加奈子や住野よるの小説に交じって、若松英輔のエッセイ『悲しみの秘義』や、「文庫Ｘ」として話題を呼んだ清水潔『殺人犯はそこにいる』を挙げているのですから、油断がなりません。

メンバーいち背が低く、引っ込み思案に見えるともちぃですが、ステージでは伸びやかな声とダンスを披露し、輝いています。彼女の本との付き合い方がどうだったか、聞いてみたくなりました。

ともちぃこと宇野友恵さんは、新潟市生まれ。父は会社員で、母は保育園に勤めていました。友恵さんは四人兄弟の末っ子で、いちばん上の姉とは十歳離れています。そのため、家の中には姉や兄の本が多く、大きな本棚に二百冊ほど並んでいたそうです。

記憶のなかで最も古い本は、幼稚園の頃に読んだ、『わたしのワンピース』(にしまきかやこ)。「うさぎがいろんな柄のワンピースを着るお話で、絵がかわいくて好きでした」。しかけ絵本の『むしばいきんムゥ・シィ・バァのぼうけん』(木村裕一・作、宮本えつよし・絵)、『しずくのぼうけん』(マリア・テルリコフスカ・作、ボフダン・ブテンコ・絵、うちだりさこ・訳)もよく読んだそうです。いまも手元に残っている本には、幼稚園の図書室の貸し出しカードが付いたままのものがあります。「返してなかったのか、もらったのか判りません(笑)」

小学校に入ると、学校の図書館で『かいけつゾロリ』シリーズや『となりのせきのますだくん』(武田美穂)などを読みます。絵の中に隠れているものを探す絵本『ミッケ!』に一人でチャレンジしたりしていました。ただ、この頃からあまり本を読まなくなったそうです。

小学二年生のとき、『ちゃお』で連載されていた「きらりんレボリューション」を読んで、アイドルへの憧れが芽生えます。「アイドルを目指してがんばる女の子が主人公で、私もアイドルになりたいという気持ちが生まれました」。また、三歳の頃からピアノを習っていたけど、いやいや「やらされている」感じを持っていたのが、小学五年生で発表会に出てからピアノを弾くのが楽しくなったそうです。そういう気持ちがあったから、二〇一一年に新潟の古町を活性化する目的でアイドルのオーディションがあった際、自分で応募したのです。まだ中学一年生になったばかりの十二歳でした。

五月に開かれたオーディションに合格し、二カ月後には初ステージでデビューしました。それからはアイドルとしての活動が中心となり、毎週末に古町で開催される「HOME LIVE」をはじめ、県内・県外のイベントに出演しています。本を読もうとする心の余裕もありませんでした。

それを変えたのは、高校を卒業する際に、ピアノの先生から「私の好きな本です」と手渡されたフジコ・ヘミングの『たどりつく力』でした。人から本をプレゼントされたのははじめてのことで、自分の好きな人が好きな本ってどんな内容だろうとすぐ読み、著者が留学先でいじめにあうなど逆境の中でもピアノを諦めなかった意志の強さに感動したそうです。「本から人の生き方を知ることができるのは楽しい」と、読書への興味がふたたび湧いてきました。

その頃から、学校帰りにときどき寄っていた〈北書店〉の佐藤店長から、「ともちぃに合うと思うよ」と勧められた本を買って読むようになります。角田光代、太宰治、村上春樹など。なかには難しいと感じる本もあるけど、いまは勧められた本をたくさん読んで、自分に合う著者を見つけていきたいと云います。

「いま、いちばん好きなのは西加奈子さんです。喫茶店でオレンジのカバーが目立っていた『まにまに』を手に取って読んだら、関西弁の言葉がとても面白かった。それでほかの作品も読むようになりました。自分をさらけ出して表現できるのがすごいと思います」

友恵さんは、人に合わせるのも苦手だと云います。ほかのメンバーがはしゃいでいるところに入っていきにくいそうです。たしかに、ちょっと距離を置いている印象がありますが、そこが彼女の個性となっているとも思います。「でも最近、ファンのかたから「ともちぃ、明るくなったね」と云われるんです。本を読むようになった影響もあるのかな」

本を読むことで、自分の歌う曲の歌詞への理解も深まったそうです。「ジャズミュージシャンが主人公のマンガ『BLUE GIANT』(石塚真一)を読んで、私も自分が「こうしたい」と思ったことをやりたい、もっと自分を解放して歌いたいと思うようになりました」と云います。

そんな友恵さんのお悩みは?

「話すのが苦手なんです」

ライブでのMCは、事前に用意したことをしゃべっているだけで、アドリブで話せないそうです。周りの人と会話でコミュニケーションを取ることも下手だと云います。先の〈北書店〉の一日店員でも、前日は緊張で眠れなかったそうです。

そんな彼女には、こんな三冊を読んでほしいです。

今回処方する本

佐藤多佳子『しゃべれどもしゃべれども』（新潮社、一九九七／新潮文庫）

修業中の落語家・今昔亭三つ葉のもとに、「落語を教えてほしい」とやって来たのは、失恋して自棄になった女性、吃音で職場を首になったテニスコーチ、テレビで解説ができない元プロ野球選手、そして、親から関西弁を直そうとされる小学生の四人。言葉について足りない面のある彼らに落語をしゃべらせようと奮闘するうち、三つ葉自身も、「自分の落語」に目覚めていくのです。

ひとつの目標に向かっていく中で、バラバラだった面々の心が通じていきます。「説得力のある、やけに雄弁な沈黙だった。ここで、簡単に「うん」とか「ああ」とか言わないのが、この連中の特色だった」

この「雄弁な沈黙」のなかには、話のうまさなんか問題でないほど、大事なものがあると思うのです。

小林信彦『おかしな男　渥美清』（新潮社、二〇〇〇／ちくま文庫）

渥美清、すなわち「寅さん」。映画『男はつらいよ』シリーズを観たことのない人も、それぐらいは知っていると思います。本書は二十代の頃に渥美清と出会った著者による、ひとりの喜劇役者のスケッチです。

若い頃の渥美清は「複雑な人物で、さまざまな矛盾を抱え込んでいた」と、著者は書きます。話のうまさは天才的で、物まねも素晴らしい。しかし、「渥美清は、まちがっても善人ではない。ここぞという時は非情なまでに自己を押し通す」。

「寅さん」になってからの渥美清は、それまで以上に私生活をひた隠しにし、仮構の存在である寅さんとして生きようとします。立て板に水のようにくりだされる、あの寅さんの喋りの裏には、こんな哀しみがあったのかと思わされます。

芸の世界に生きる厳しさを感じさせる本です。

雪舟えま『タラチネ・ドリーム・マイン』（PARCO出版、二〇一二）

本書は、歌人、小説家、ミュージシャンとして活動する著者の、小説デビュー作。名久井直子による装丁は、往年の少女小説のようでカワイイです。十二の短篇と占いが収録されています。

「モンツンラとクロージョライ」は、学校の寮で同室になった二人の少女の物語。クロージョライの体はいつも炎をまとっています。

「友人の親の前でも堂どうとして物怖じせず、喋る必要がないときは無言をとおす強さには、大人のほうがどぎまぎするほど。それになんといっても、安全な青い炎とはいえ四六時じゅう発火しているという異形のさまは、この数十年特異体質の子どもが増えてきているなかでもほかに例がなく、有無をいわさぬ迫力があった」

「堂どう」は誤植ではありません。「圧倒てき」「放課ご」「転てん」などの独特の表記も、変わった固有名詞も、雪舟さんの世界では自然なものに感じられます。

感情が高まると火をコントロールできなくなるクロージョライは、ベートーベンの曲を聴いて火事を出してしまいます。それでも、「いちど知ってしまったら、もう音楽のない世界には戻れない」と思うのです。

本書に限らず、雪舟えまさんの小説は、好きなものを全力で肯定する幸福感に満ちています。

会話がうまくなる本を紹介できなくて、ごめんなさい。でも、人に何かを伝え、コミュニケーションする手段は会話だけではないのです。たとえ話がうまくなくても、自分というものをしっかり持ってさえいれば、きっと確実に伝わるものがあるのだと思います。

読んだ本は手元に置いておきたいからと、電子版ではなく、紙の本やCDを買うという友恵さん。これからも、部屋の本棚に好きな本が増えていくことでしょう。本好きで、にわかRYUTistファンのおじさんとしては、つい、彼女にいろんな本を勧めたくなってしまいそうです。

お悩み女子

酔った感覚を味わいたい

文庫善哉（仮名　東京）

　本書に登場する本好き女子のなかで、私が一番はじめに会ったのはこの人だと思います。私たちが二〇〇五年に谷中・根津・千駄木ではじめた「不忍ブックストリートの一箱古本市」には、多くの女性店主が参加しています。彼女たちの出している箱には、本の選び方や工夫を凝らしたディスプレイにうなったり、絶妙な勧めかたに思わず買ってしまったりと、驚くことしきりでした。

　なかでも、毎年参加している「文庫善哉」さんの一箱には、セレクトといい、並べかたといい、見るたびに感動のようなものを覚えます。自分が好きで丹念に読んできた本を、押しつけがましくなく、そっと差し出すような姿勢がとてもいいのです。私は、彼女を勝手に理想の一箱店主さんだと思っています。

　しかし、考えてみると、さまざまな本のイベントで顔を合わせているのにもかかわらず、私は彼女がどんな人なのか、まったく知らないのです。本書の最後に、この人の話を聞いてみたい。そう思いました。

「ツイッターで古本のことを書いたりすると、私のことをおじいさんだと勘違いした人が、あとで会ってびっくりしたりするのが面白いです。だから、性別はともかく、年齢は不詳にしておきましょう」と、文庫善哉さんは云います。

善哉さんは東京生まれ。高校の校長だった祖父が建てた家で、祖父母、両親、二人の妹の七人で暮らしていました。父は通信衛星の技術者、母は建築家で、妹も科学や医学の方面に進んだので、「私だけ文系なんです」と笑います。祖父母も両親も本好きで、家には本が多かったそうです。

家族はみんな仲が良く、母が歌が好きだったこともあり、みんなで歌ったり、妹と手芸をしたり、絵を描いたりします。明るい家庭でした。

「そういう家庭は好きだったんですが、それと違うものを本に求めたのかもしれません。地味で淡々とした内容の本を読むようになっていきました」と、善哉さんは云います。小学生で、祖母が全号揃えていた『別冊太陽』をめくり、滝田ゆうやつげ義春のことを知ったそうです。

小学校の低学年は、『マドちゃんのまどのひみつ』(山下夕美子・文、伊勢英子・絵)、

『カエル水泳きょうしつ』(岡野薫子)などの児童書を読んでいましたが、もう少し大きくなって、学校の図書室で、田中小実昌の『ポロポロ』に出会います。牧師の父親や彼の教会に集まる人たちが唱える「ポロポロ」が、歌のように思えたそうです。「なぜか魅力がありました」と善哉さん。

中学では、美術部に入ります。この頃から、「好きなものに向かってひとりで爆走している感じ」になります。教科書で寺山修司の短歌を読み、当時、三軒茶屋にあった古本屋〈喇嘛舎《らましや》〉で寺山の本を探したり、自転車で神保町まで出かけ、〈小宮山書店〉で植草甚一の本を一冊ずつ買ったりします。家が外出には厳しかったので、美術館に行くのを名目に、その周りの街を歩きまわったそうです。『Olive』を読んで、ファッションに興味を持つようになったのもこの頃です。

高校生になると、友だちのやっているバンドのライブを観に行きますが、「デッサンの教室に行くついでに、寄っていました(笑)」。

「渋谷ロフトにあった〈リブロ〉で、「住まい学大系」の『東京セレクション』を買いました。地元の地名が出てきたので。それから、このシリーズを買うようになります。見たことのないデザインや装丁の本を手に取るのが楽しかったです。広尾にある都立中央図書館で、文様の本を眺めたりしました」

本の装丁をしたいと思い、短大のグラフィックデザイン科に入学します。しかし、この時期に、善哉さんには大きな転機がありました。高三で大きな病気が見つかり、短大に入ってから手術を受けたのです。

「入院すると、みんなが病室に本を持って来てくれるんですね。図書館みたいにずらりと窓辺に並んで（笑）。自分から手に取らないいい本を読むいい機会になりました」

その後、再発して入院、手術をしており、いまも無理はできません。

「明日、身体の調子がいいとは限らないから、やりたいことは今日のうちにやろうと思うようになりました」

短大卒業後、印刷会社に勤めます。そのかたわら、シルクスクリーンで制作した作品をグループ展に出したり、友人のバンドのフライヤーやTシャツをデザインします。その後、病気と付き合いながら、ショップ店員、ケーキ屋などで働きます。

リハビリ中に、散歩で訪れるのが好きだった〈ブックファースト〉渋谷店でアルバイト募集の貼り紙を見つけ、文芸書売り場で働くようになります。

「わりと好きに棚をつくらせてもらって、すごく楽しかったです。作家さんや出版社の方などと出会えたのも大きかったです。そのときの体験がいまの私の活動のもとになっています」

二〇〇七年に同店が閉店すると、本に関係のない仕事に就きます。「それがつらくて、知り合いのレストランに古本を置かせてもらいました」。その後、雑司が谷の「みちくさ市」を経て、「不忍ブックストリートの一箱古本市」に出店するようになります。屋号の「文庫善哉」は、「甘いものが好きだから」と付けた俳号に由来するそうです。

「一箱古本市には、通りがかりの人も含め、いろんな人が本を見てくれるのがいいですね。私は先入観があまりなくて、なんでも楽しいことをやってみようと思っています。自分の箱も、あまりジャンルを狭めず、お客さんを選ばないものにしているつもりです」

体調がすぐれなかったこともあり、この一年ほどは、以前の三分の一ほどに活動量を減らしていますが、「生活の範囲を絞ってみたら、それはそれで楽しいんです」と笑います。

読む冊数も減りましたが、それだけに、一冊一冊を大事に読んでいます。

「子どもの頃から同じですが、私は、個人的なことが書かれている本が好きなんです。ミニコミやリトルプレスも含めて、そういう本を繰り返し読んでいます」

最近では、自分でもリトルプレスに文章を書くようになりました。彼女にとって「楽しいこと」はこれからも増えていきそうです。

そんな文庫善哉さんのお悩みは?

「酔った感覚を味わいたいんです」

楽しいことだけやっているから悩みはないですよ、という彼女に、無理にひねり出してもらったのがこれでした。酒場に行くのも、酒の本を読むのも好きなのに、体質的にお酒が飲めないそうです。コーヒーも辛いものも口にできないのだとか。

非常に難しいお題で、こちらが悩んでしまいますが、食べ物や飲み物を口にする際の感覚を描いた本を挙げてみましょう。

今回処方する本

赤瀬川原平『少年と空腹　貧乏食の自叙伝』（原題『少年とグルメ』講談社、一九八五／中公文庫）

赤瀬川原平が、貧乏だった少年時代や大学時代の食に関する思い出を綴ったエッセイ集です。おいしかった食べ物も出てきますが、まずかった食べ物や、食べる前に想像していた味の描写が抜群にいいのです。

「チョコボール」では、美大生だった赤瀬川さんが友人のY（尾辻克彦名義の小説『雪野』のモデル）とともに、パン屋からチョコボールのたくさん入ったガラス壺を盗みます。食べるものがないときに、甘すぎるチョコボールを空っぽの胃に入れると、痛みで脂汗が出てきます。それに耐えきれなくなって、赤瀬川さんは田舎に帰り、手術で胃を三分の二なくします。

それに対して、はじめて飲んだ酒のことを書いた「赤い酒」には、初体験のふわふわした感じがよく出ています。赤瀬川さんは高校生のとき、美術館の裏手に隠れて、友だちと赤玉ポートワインの一升瓶を飲みます。

「枯葉の地面がふわーんと柔らかくなり、私はじつに大らかな気持になりました。はじめての気持です。それまで何かというとビクビクして、ボタンが一つ外れても、すぐにはめ直していたようなのが、一つ二つボタンが外れてもまあいいじゃないかと、そんな気持で空を仰ぎました。（略）帰りはもうすべてを許された気持で、わざわざ塀を乗り越えて出たりしました。見知らぬ足がもつれて、ちょっと道路に倒れたりしました」

この「もうすべてを許されたような気持」がずっと続いてくれればいいのですが、翌朝にそれが醒めたときには、索漠とした気分になるのです。

栗原康『村に火をつけ、白痴になれ　伊藤野枝伝』（岩波書店、二〇一六）

「学ぶことに、食べることに、恋に、性に、生きることすべてに、わがままであった」アナキスト・伊藤野枝の伝記です。資料を参照しつつ、客観的に対象の人生をたどっていくスタンダードな手法を取らず、野枝と一緒に疾走していくような文体が刺激的です。

このなかに、野枝を助けた平塚らいてうの回想が引用されています。

「野枝さんは、料理が下手というより、そんなことはどうでもいいというふうで、コマ切れのシチューまがいのものを、ご飯の上へかけたものなど、得体の知れないものをよくつくりました。仕事は手早い代わりに、汚いことも、まずいことも平気です」

これに対し、著者は「シチューぶっかけご飯とか、超うまそうじゃないかとおもってしまう」と書いていますが、私も同感です。

すべての制度をとっぱらうことを主張し、自分の好きなことに向かってまっしぐら。そんな彼女がつくる食事は、なにものにもとらわれない「自由」の味がしたのではないかと思ってしまいます。食べてみたかった。

吉行淳之介編『酔っぱらい読本』『続・酔っぱらい読本』『最後の酔っぱらい読本』(原題『酔っぱらい読本』全七巻　講談社、一九七八～一九七九／講談社文芸文庫)

アンソロジーがお好きな善哉さんに、吉行淳之介が編んだ名アンソロジーをオススメします。私は小学生のときに、地元の図書館でこのシリーズを見つけて、もちろん酒の味を知らないままに愛読しました。

本書は、吉行と編集者の徳島高義の共同作業で生まれたものです。二人ともこの企画に乗りに乗って、当初の予定を大幅に超えて全七巻になったのです。二人の対談「『酔っぱらい読本』のころ」(丸谷才一編『やわらかい話　吉行淳之介対談集』講談社文芸文庫)には、躁状態で編集を進めていった様子が語られています。ちなみに、本書はその後「アンソロジーの大家」となる吉行が最初に手掛けたアンソロジーです。

文庫版は、海外作家の文章を外して編みなおしたものですが、それでも十分楽しめます。内田百閒「おからでシャムパン」、太宰治「酒ぎらい」、吉田健一「飲む場所」、梅崎春生「悪酒の時代」など名編ぞろい。エッセイだけでなく、小説や落語も入っています。

出てくる酒も、めったに飲まれない美酒からまずい酒、楽しい酒、悲しい酒、酒の失敗、つづかない禁酒、酒のつまみ、酒で身を滅ぼした人まで、あらゆるシチュエーションが網羅されているのです。

お酒を飲めない人でも、このアンソロジーを読めば、酔っぱらう楽しさもつらさも感じてもらえるのではないでしょうか。

文庫善哉さんの話を聞いて、あらためてこの人は素敵な本好き女子だと思いました。これからも身体をいたわりつつ、好きなことに向かっての爆走を続けてください。次の一箱古本市で、善哉さんの箱を覗くのが楽しみです。

おわりに

本の世界のまわりで、文章を書いたり、ブックイベントを主催していたりしていると、よく尋ねられることがふたつあります。

ひとつは、本離れ、読書離れについてどう思うか。もうひとつは、電子書籍についてどう思うか。

トークイベントなどでこの質問が出ると、正直なところ、またかと、うんざりします。

前者については、まず、私はみんなが本を読む必要があるわけではないと思っています。私自身は本がないと生きていけない人間ですが、ほかの人も同じであるべきだとはまったく思っていません。本を全然読まなくても素晴らしい人はたくさんいますし、本が人生を惑わすことだってあると思います。

本を読むべきだという主張の底には、抜きがたい「良書」幻想があると思います。読書推進を掲げる人たちの考える「本」には、おそらく、タレント本や趣味的な本やエロ本は入っていないのでしょう。それって、「本」の可能性を狭めることではないでしょうか？

そもそも、「本離れ」は事実なのでしょうか？　書籍や雑誌の売上が落ち込んでいて、出版業界が危機に瀕していることは事実です。だけど、そのことと、本が読まれなくなったということはイコールではないはずです。

統計をうのみにはできませんが、毎日新聞社が行なっている「読書世論調査」の報告書（二〇一七年版。調査は前年）でも、読書率はほぼ横ばいです（なぜか二〇〇〇年に突然上昇したり、東日本大震災のあった二〇一一年には落ち込むという変化はありますが）。また、「読書は好きか嫌いか」という質問に、読書好きのほうだと答えた人は、一九八三年には一六パーセントで、二〇一六年には二一パーセントでした。

私の実感としても、昔もいまも、本好きの人の比率はそんなに変わっていないのではないかと思います。一箱古本市には、さまざまな世代の人たちが訪れますが、その中にはこのイベントをめざしてきた人だけでなく、通りすがりの人が多く含まれます。ふだんそんなに本を読まない人も、ちょっと覗いていこうという気になるみたいです。

だから、ポプラ社の『WEB　asta』での連載の依頼を受けたとき、ふつうの人たちの読書体験を描いてみたいと思いました。個別の事例を積み重ねていけば、読書の実態がより具体的に見えてくるのではないか。本離れ云々を論議するのは、それからでもいいのではと考えたからです。

女性を対象にした理由は、「はじめに」で書いたとおりです。先の「読書世論調査」でも、「読書好きのほう」と答えた人は男性一八パーセントに対し、女性二四パーセントでした。しかも、十代後半でみると、男性二一パーセント、女性四四パーセントと大きな差がみられるのです。

取材をはじめてみると、思っていた以上に面白い話が聞けました。インタビューというものを受けたことがなく、最初は緊張している人が、子どもの頃に読んだ絵本や、学校の図書室の思い出を語りだすと、とたんに生き生きとしてきます。書名や作者、本のかたちや使われている色まで覚えている人もいれば、何を読んだか思い出せない人もいました。

多くの人は、保育園ぐらいまでは母親に絵本を読んでもらい、その後は自分で読むようになります。親が本好きで家に本が多くあると、手に取って読む機会が増えます。小学生では学校の図書室に通う人が多く、中高生になると地元の本屋に通う人も出てきます。家、図書館、本屋というトライアングルが身の回りにあることが、本好き女子になるための条件だと云えるかもしれません。

小学生では毎日のように読んでいたのに、中高は部活や受験で忙しく、本を読む気も起らなくなったという人が多かったのは、印象的でした。そのあと、何かのきっかけで「本好き女子」に復帰するのですが、そのまま本からフェイドアウトする人も多いのでしょう。

字数が限られているので、マンガについてはあまり触れられませんでした。ただ、小学生で読んでいたマンガ雑誌として、少女マンガ誌でなく『少年ジャンプ』を挙げる人がけっこういたのには、ちょっと驚きました。

冒頭で挙げた電子書籍については、Ｋｉｎｄｌｅなどでよく読むと話してくれたのは三人だけで、ほかの人たちはパソコンやスマートフォンはよく使っていても、それで本を読むことはしないそうです。この先、電子書籍が普及していっても、紙のかたちの本がなくなることはないでしょう。

インタビューした人からお悩みをもらい、それに本で答える試みもやってみました。以前、新潮社の『ｙｏｍ　ｙｏｍ』で『小説検定』を連載していました。文学についてのクイズですが、解説を加えて、ブックガイドとして読めるようにしました。今回はその発展形で、お悩みから導き出したテーマにあわせて三冊を紹介したわけです。

まあ、お笑いの大喜利みたいなもので、取材中にすでに紹介したい本が浮かんでいるときもあれば、選ぶのに時間のかかるときもありました。そういうとき、ネットで検索するよりも、自室や本屋、図書館の本棚に立って背表紙を眺めるほうが、自然に答えにたどり着くことができました。

選ぶときには、小説とそれ以外の分野を混ぜるとか、著者が重ならないようにするとかを心掛けましたが、結局のところ、私の好みが反映されていると思います。その回を書く直前に読んで、いいと思った本を選ぶことも多かったです。ですから、同じお悩みでも、別の機会に選んだらそのセレクトはガラッと変わるかもしれません。

取材では、家族との関係や仕事、恋愛など、そのひとのパーソナルな部分にも踏み入らざるを得なかったのですが、みなさん、嫌がらずに話してくれました。平穏な育ち方をした私からすると過酷に感じる経験をしてきた人が、毎日楽しいから悩みなんてないと答えたのには、人間ってすごいと感じました。

文章にまとめるときは、取材ノートを眺めて、彼女の話しかたや、その場の雰囲気を思い出しつつ、進めていきました。送った原稿に対して、ある人が「お手紙をいただいたような気持ちです」と云ってくれたのが嬉しかったです。

なお、連載の時点での話をもとにまとめているので、いまでは状況が変わった人もいます。いま改めて話を聞いたら、別の悩みが出てくるかもしれませんね。

連載した出版社での書籍化が実現できず、連載も途中で止まってしまいました。その後、複数の出版社の編集者に相談したのですが、なかなか企画が通りませんでした。それでも、このテーマはどこかで必要とされているはずだという確信めいたものが、私の中にありました。本好き女子の御用達レーベルと云えるちくま文庫に入ったことは、結果として自然なことのようにも思えます。

書籍化にあたり、取材済みだった人を含む六名の話を書き下ろしました。

版画イラストの宇田川新聞さんは、私が二十年前につくったミニコミ『日記日和』にイラストを描いてもらってからの付き合いです。毎回送った写真をもとに、かわいくて温かみのある絵を描いてくれました。

デザインの宇都宮三鈴さんは、インタビューの要素とブックガイドの要素をバランスよくまとめてくださいました。

筑摩書房の窪拓哉さんは、クールにスピーディに編集作業を進めつつ、絶妙なタイミングで私がやる気になる一言を云ってくれました。

また、不忍ブックストリートとそこから広がった一箱古本市がなければ、本書は生まれませんでした。ここで出会ったすべての人たちに感謝します。

最後に、話を聞かせてくれた本好き女子のみなさん、ありがとうございます。

そして、これから出会うかもしれない本好き女子のみなさん。いつか、あなたの話を聞かせてください。

二〇一七年十二月二十二日　新潟に出かける日に

南陀楼綾繁

索引
本書で処方した本

ア行

カ行

・本書は「WEB　asta」にて二〇一五年八月から二〇一六年一一月まで連載された「全国各地の本好き女子の悩みに本でこたえてみた」に加筆、修正、また六名の方の新たなエピソードを加えて文庫化しました。

月刊佐藤純子
佐藤ジュンコ
注目のイラストレーター（元書店員）のマンガエッセイが大増量してまさかの文庫化！　仙台の街や友人との日常を描く独特のゆるふわ感はクセになる！

貧乏サヴァラン
森茉莉
早川暢子編
オムレット、ボルドオ風茸料理、野菜の牛酪煮……。食いしん坊茉莉は料理自慢。香り豊かな〝茉莉ことば〟で綴られる垂涎の食エッセイ。文庫オリジナル。

紅茶と薔薇の日々
森茉莉
早川茉莉編
天皇陛下のお菓子に洋食店の味、庭に実る木苺……森鷗外の娘にして無類の食いしん坊、森茉莉が描く懐かしく愛おしい美味の世界。（辛酸なめ子）

ことばの食卓
武田百合子
野中ユリ・画
なにげない日常の光景やキャラメル、枇杷など、食べものに関する昔の記憶と思い出を感性豊かな文章で綴ったエッセイ集。（種村季弘）

遊覧日記
武田百合子
武田花・写真
行きたい所へ行きたい時に、つれづれに出かけてゆく。一人で。または二人で。あちらこちらを遊覧しながら綴ったエッセイ集。（巖谷國士）

沈黙博物館
小川洋子
「形見じゃ」老婆は言った。死の完結を阻止するために形見が盗まれる。死者が残した断片をめぐるやさしくスリリングな物語。（堀江敏幸）

星間商事株式会社社史編纂室
三浦しをん
二九歳「腐女子」川田幸代、社史編纂室所属。恋の行方も友情の行方も五里霧中。仲間と共に「同人誌」を武器に社の秘められた過去に挑む!?（金田淳子）

通天閣
西加奈子
このしょーもない世の中に、救いようのない人生に、ちょっぴり暖かい灯を点す驚きと感動の物語。第24回織田作之助賞大賞受賞作。（津村記久子）

この話、続けてもいいですか。
西加奈子
ミッキーこと西加奈子の目を通すと世界はワクワク、ドキドキ輝く。いろんな人、出来事、体験がてんこ盛りの豪華エッセイ集！（中島たい子）

君は永遠にそいつらより若い
津村記久子
22歳処女。いや「女の童貞」と呼んでほしい――。日常の底に潜むうっすらとした悪意を独特の筆致で描く。第21回太宰治賞受賞作。（松浦理英子）

アレグリアとは仕事はできない　津村記久子

彼女はどうしようもない性悪だった。すぐ休み単純労働をバカにし男性社員に媚を売る。大型コピー機とミノベとの仁義なき戦い！　（千野帽子）

まともな家の子供はいない　津村記久子

セキコには居場所がなかった。うちには父親がいる。うざい母親、テキトーな妹。まともな家なんてどこにもない！　中3女子、怒りの物語。　（岩宮恵子）

こちらあみ子　今村夏子

あみ子の純粋な行動が周囲の人々を否応なく変えていく。第26回太宰治賞、第24回三島由紀夫賞受賞作。書き下ろし「チズさん」収録。　（町田康／穂村弘）

さようなら、オレンジ　岩城けい

オーストラリアに流れ着いた難民サリマ。言葉も不自由な彼女が、新しい生活を切り拓いてゆく。第29回太宰治賞受賞・第150回芥川賞候補作。　（小野正嗣）

図書館の神様　瀬尾まいこ

赴任した高校で思いがけず文芸部顧問になってしまった清（きよ）。そこでの出会いが、その後の人生を変えてゆく。鮮やかな青春小説。　（山本幸久）

僕の明日を照らして　瀬尾まいこ

中2の隼太に新しい父が出来た。優しい父はしかしDVする父でもあった。この家族を失いたくない！　隼太の闘いと成長の日々を描く。　（岩宮恵子）

とりつくしま　東直子

死んだ人に「とりつくしま係」が言う。モノになってこの世に戻れますよ。妻は夫のカップに弟子は先生の扇子になった。連作短篇集。　（大竹昭子）

キオスクのキリオ　東直子

「人生のコツは深刻になりすぎへんこと」。キオスクで働くおっちゃんキリオに、なぜか問題をかかえた人々が訪れてくる。連作短篇。イラスト・森下裕美

少しだけ、おともだち　朝倉かすみ

ご近所さん、同級生、バイト仲間や同僚――仲良しとは違う微妙な距離感を描いた短篇集。書き下ろし二篇を含む十作品。　（まさきとしか）

泥酔懺悔　朝倉かすみ、中島たい子、瀧波ユカリ、平松洋子、室井滋、中野翠、西加奈子、山崎ナオコーラ、三浦しをん、大道珠貴、角田光代、藤野可織

泥酔せずともお酒を飲めば酔っ払う。お酒の席は飲める人には楽しく、下戸には不可解。お酒を介した様々な光景を女性の書き手が綴ったエッセイ集。

包帯クラブ　天童荒太
傷ついた少年少女達は、戦わないかたちで自分達の大切なものを守ることにした。生きがたいと感じるすべての人に贈る長篇小説。大幅加筆して文庫化。

小路幸也少年少女小説集　小路幸也
「東京バンドワゴン」で人気の著者による子供たちを主人公にした作品集。多感な少年期の姿を描き出す。単行本未収録作を多数収録。文庫オリジナル。

話虫干　小路幸也
夏目漱石「こころ」の内容が書き変えられた！　それは話虫の仕業。新人図書館員が話の世界に入り込み、「こころ」をもとの世界に戻そうとするが……。

聖女伝説　多和田葉子
少女は聖人を産むことなく自身が聖人となれるのか？　著者の代表作にして性と生と聖をめぐる少女小説の傑作がいま蘇る。書き下ろしの外伝を併録。

私小説 from left to right　水村美苗
12歳で渡米し滞在20年目を迎えた「美苗」。アメリカにも溶け込めず、今の日本にも違和感を覚え……。本邦初の横書きバイリンガル小説。

続 明暗　水村美苗
もし、あの『明暗』が書き継がれていたとしたら……。漱石の文体そのままに、気鋭の作家が挑んだ話題作。第41回芸術選奨文部大臣新人賞受賞。

ラピスラズリ　山尾悠子
言葉の海が紡ぎだす、〈冬眠者〉と人形と、春の目覚めの物語。不世出の幻想小説家が20年の沈黙を破り発表した連作長篇。補筆改訂版。（千野帽子）

増補 夢の遠近法　山尾悠子
「誰かが私に言ったのだ／世界は言葉でできていると」。誰も夢見たことのない世界が、ここではじめて言葉になった。新たに二篇を加えた増補決定版。

クラウド・コレクター〈手帖版〉　クラフト・エヴィング商會
得体の知れない機械、奇妙な譜面や小箱、酒の空壜……。不思議な国アゾットへの驚くべき旅行記。単行本版に加筆、イラスト満載の〈手帖版〉。

すぐそこの遠い場所　クラフト・エヴィング商會　坂本真典・写真
遊星オペラ劇場、星屑膏薬、夕方だけに走る小列車、雲母の本……。茫洋とした霧の中にあるような、懐かしい国アゾットの、永遠に未完の事典。

尾崎翠集成（上）　中野翠 編　尾崎翠

鮮烈な作品を残し、若き日に音信を絶った謎の作家・尾崎翠。この巻には代表作「第七官界彷徨」をはじめ初期短篇、詩、書簡、座談を収める。

尾崎翠集成（下）　中野翠 編　尾崎翠

時間とともに新たな輝きを加えてゆく尾崎翠の文学世界。下巻には『アップルパイの午後』などの戯曲、映画評、初期の少女小説を収録する。

三島由紀夫レター教室　三島由紀夫

五人の登場人物が巻き起こす様々な出来事を手紙で綴る。恋の告白・借金の申し込み・見舞状等、一風変ったユニークな文例集。（群ようこ）

肉体の学校　三島由紀夫

裕福な生活を謳歌している三人の離婚成金。〝年増園〟の例会はもっぱら男の品定め。そんな一人がニヒルで美形のゲイ・ボーイに惚れこみ……。（群ようこ）

命売ります　三島由紀夫

自殺に失敗し、「命売ります。お好きな目的にお使い下さい」という突飛な広告を出した男のもとに、現われたのは？（種村季弘）

わが推理小説零年　山田風太郎

稀代の作家誕生のきっかけは推理小説だった。江戸川乱歩、横溝正史、高木彬光らとの交流、執筆裏話等から浮かび上がる「物語の魔術師」の素顔。

人間万事嘘ばっかり　山田風太郎

時は移れど人間の本質は変わらない。世相からマージャン・酒・煙草、風山房での日記までを1冊に収める。単行本生前未収録エッセイの文庫化第4弾。

死言状　山田風太郎

麻雀に人生を学び、数十年ぶりの寝小便に狼狽し、男の渡り鳥的欲望について考察する。くだらないようで、どこか深遠なような随筆が飄々とならぶ。

戦中派虫けら日記　山田風太郎

〈嘘はつくまい。嘘の日記は無意味である〉。戦時下、明日の希望もなく、心身ともに飢餓状態にあった若き風太郎の心の叫び。（久世光彦）

同日同刻　山田風太郎

太平洋戦争中、人々は何を考えどう行動していたのか。敵味方の指導者、軍人、兵士、民衆の姿を膨大な資料を基に再現。（高井有一）

猫の文学館Ⅱ 和田博文編
夏目漱石、吉行淳之介、星新一、武田花……思わずぞくっとして、ひっそり涙したくなる35篇を収録。猫好きに放つ猫好きによるアンソロジー。

超短編アンソロジー 本間祐編
超短編とは、小説、詩等のジャンルを超え、数行という短さによって生命力を与えられた作品のこと。キャロル、足穂、村上春樹等約90人の作品。

玉子ふわふわ 早川茉莉編
国民的な食材の玉子、むきむきで抱きしめたい！森茉莉、武田百合子、吉田健一、山本精一、宇江佐真理ら37人が綴る玉子にまつわる悲喜こもごも。

なんたってドーナツ 早川茉莉編
貧しかった時代の手作りおやつ、日曜学校で出合った素敵なお菓子、毎朝宿泊客にドーナツを配るホテル、哲学させる穴……。文庫オリジナル。

もの食う本 木村衣有子 武藤良子・絵
四十冊の「もの食う」本たち。文学からノンフィクション、生活書、漫画まで、白眉たる文章を抜き出し咀嚼し味わう一冊。

ナンセンス・カタログ 谷川俊太郎 和田誠画
詩につながる日常にひそむ微妙な感覚。谷川俊太郎のエッセイと和田誠のナンセンスなイラストで描いた１５０篇のショートショートストーリー。

詩ってなんだろう 谷川俊太郎
谷川さんはどう考えているのだろう。その道筋にそって詩を集め、選び、配列し、詩とは何かを考えるおおもとを示しました。（華恵）

ヨーロッパぶらりぶらり 山下清
「パンツをはかない男の像はにが手」「人魚のおしりは人間か魚かわからない」。〝裸の大将〟の眼に映ったヨーロッパは？ 細密画入り。（赤瀬川原平）

日本ぶらりぶらり 山下清
坊主頭に半ズボン、リュックを背負い日本各地の旅に出た〝裸の大将〟が見聞きするものは不思議なことばかり。スケッチ多数。（寿岳章子）

ねにもつタイプ 岸本佐知子
何となく気になることにこだわる、ねにもつ。思索、奇想、妄想はばたく脳内ワールドをリズミカルな名短文でつづる。第23回講談社エッセイ賞受賞。

なんらかの事情 岸本佐知子
エッセイ？　妄想？　それとも短篇小説？　……モヤッとするのに心地よい！　翻訳家・岸本佐知子の頭の中を覗くような可笑しな世界へようこそ！

絶叫委員会 穂村弘
町には、偶然生まれては消えてゆく無数の詩が溢れている。不合理でナンセンスで真剣だからこそ可笑しい、天使的な言葉たちへの考察。（南伸坊）

回転ドアは、順番に 穂村弘／東直子
ある春の日に出会い、そして別れるまで。気鋭の歌人ふたりが、見つめ合い呼吸をはかりつつ投げ合う、スリリングな恋愛問答歌。（金原瑞人）

買えない味 平松洋子
一晩寝かしたお芋の煮っころがし、土瓶で淹れた番茶、風にあてた干し豚の滋味……日常の中にこそある、おいしさを綴ったエッセイ集。（中島京子）

はっとする味　買えない味2　平松洋子
刻みパセリをたっぷり入れたオムレツの味わいの豊かさ、ペンチで砕いた胡椒の華麗な破壊力……身近なものたちの隠された味を発見！（室井滋）

女子の古本屋 岡崎武志
女性店主の個性的な古書店が増えています。カフェを併設したり雑貨も置くなど、独自の品揃えで注目の各店を紹介。追加取材して文庫化。（近代ナリコ）

古本で見る昭和の生活 岡崎武志
古本屋でひっそりとたたずむ雑本たち。忘れられたベストセラーや捨てられた生活実用書など。それらを紹介しながら、昭和の生活を探る。（出久根達郎）

本と怠け者 荻原魚雷
日々の暮らしと古本を語り、古書に独特の輝きを与えた「ちくま」好評連載「魚雷の眼」を、一冊にまとめた文庫オリジナルエッセイ集。（岡崎武志）

わたしの小さな古本屋 田中美穂
会社を辞めた日、古本屋になることを決めた。倉敷の空気、古書がつなぐ人の縁、店の生きものたち……。女性店主が綴る蟲文庫の日々。（早川義夫）

ボン書店の幻 内堀弘
1930年代、一人で活字を組み印刷し好きな本を刊行していた出版社があった。刊行人鳥羽茂と書物の舞台裏の物語を探る。（長谷川郁夫）

ギリシア悲劇（全4巻）

荒々しい神の正義、神意と人間性の調和、人間の激情と心理。三大悲劇詩人（アイスキュロス、ソポクレス、エウリピデス）の全作品を収録する。

シェイクスピア全集（刊行中）
シェイクスピア
松岡和子訳

シェイクスピア劇、待望の新訳刊行！　普遍的な魅力を備えた戯曲を、生き生きとした日本語で。詳細な注、解説、日本での上演年表をつける。

「もの」で読む入門シェイクスピア
松岡和子

シェイクスピア劇に登場する「もの」から、全37作品の意図が克明に見えてくる。「世界で最も親しまれている古典」のやさしい楽しみ方。（安野光雅）

ガルガンチュアとパンタグリュエル（全5巻）
フランソワ・ラブレー
宮下志朗訳

フランス・ルネサンス文学の記念碑的大作。〈知〉の一大転換期の爆発的エネルギーと感動をつたえる画期的新訳。第64回読売文学賞研究・翻訳賞受賞作。

バートン版
千夜一夜物語（全11巻）
大場正史訳
古沢岩美・絵

めくるめく愛と官能に彩られたアラビアの華麗な物語――奇想天外の面白さ、世界最大の奇書の名訳による決定版。鬼才・古沢岩美の甘美な挿絵付。

レ・ミゼラブル（全5巻）
ユゴー
西永良成訳

慈愛あふれる司教との出会いによって心に光を与えられ、ジャン・ヴァルジャンは新しい運命へと旅立つ――叙事詩的な長篇を読みやすい新訳でおくる。

荒涼館（全4巻）
C・ディケンズ
青木雄造他訳

上流社会、政界、官界から底辺の貧民、浮浪者まで巻き込んだ因縁の訴訟事件。小説の面白さをすべて盛り込み壮大なスケールで描いた代表作。（青木雄造）

高慢と偏見（上）
ジェイン・オースティン
中野康司訳

互いの高慢さから偏見を抱いて反発しあう知的な二人がやがて真実の愛にめざめてゆく……絶妙な展開で深い感動をよぶ英国恋愛小説の名作の新訳。

高慢と偏見（下）
ジェイン・オースティン
中野康司訳

互いの高慢からの偏見が解けはじめ、聡明な二人は急速に惹かれあってゆく……。あふれる笑いと絶妙の展開で読者を酔わせる英国恋愛小説の傑作。

分別と多感
ジェイン・オースティン
中野康司訳

冷静な姉エリナーと、情熱的な妹マリアン。好対照をなす姉妹の結婚への道を描くオースティンの永遠の傑作。読みやすくなった新訳で初の文庫化。

説得
ジェイン・オースティン　中野康司訳
まわりの反対で婚約者と別れたアン。しかし八年後思いがけない再会が。繊細な恋心をしみじみと描くオースティン最晩年の傑作。読みやすい新訳。

ジェイン・オースティンの読書会
カレン・ジョイ・ファウラー　中野康司訳
6人の仲間がオースティンの作品で毎月読書会を開く。個性的な参加者たちが小説を読み進める中で、それぞれの身にもドラマティックな出来事が――。

キャッツ
T・S・エリオット　池田雅之訳
劇団四季の超ロングラン・ミュージカルの原作新訳版。あまのじゃく猫におちゃめ猫、猫の犯罪王に鉄道猫。15の物語とカラーさしえ14枚入り。

ソーの舞踏会
バルザック　柏木隆雄訳
名門貴族の美しい末娘は、ソーの舞踏会で理想の男性と出会うが身分は謎だった……驕慢な娘の悲劇を描く表題作に、『夫婦財産契約』『禁治産』を収録。

オノリーヌ
バルザック　大矢タカヤス訳
理想的な夫を突然捨てて出奔した若妻と、報われぬ愛を注ぎつづける夫の悲劇を語る名編『オノリーヌ』、『捨てられた女』『二重の家庭』を収録。

暗黒事件
バルザック　柏木隆雄訳
フランス帝政下、貴族の名家を襲う陰謀の闇――凛然と挑む美姫を軸に、獅子奮迅する従僕、冷酷無残の密偵、皇帝ナポレオンも絡む歴史小説の白眉。

エドガー・アラン・ポー短篇集
エドガー・アラン・ポー　西崎憲編訳
ポーが描く恐怖と想像力の圧倒的なパワーは、時を超え深い影響を与え続ける。よりすぐりの短篇7篇を新訳で贈る。巻末に作家小伝と作品解説。

ボードレール全詩集Ⅰ
シャルル・ボードレール　阿部良雄訳
詩人として、批評家として、思想家として、近年重要度を増しているボードレールのテクストを世界的な学者の個人訳で集成する初の文庫版全詩集。

ランボー全詩集
アルチュール・ランボー　宇佐美斉訳
束の間の生涯を閃光のようにかけぬけた天才詩人ランボー――稀有な精神が紡いだ清冽なテクストを、世界的ランボー学者の美しい新訳でおくる。

ロートレアモン全集（全1巻）
ロートレアモン（イジドール・デュカス）　石井洋二郎訳
高度に凝縮された反逆と呪詛の叫びと静謐な慰藉の響き――24歳で夭折した謎の詩人の、極限に紡がれた作品を一冊に編む。第37回日本翻訳出版文化賞受賞。

ちくま文庫

本好《ほんず》き女子《じょし》のお悩《なや》み相談室《そうだんしつ》

二〇一八年二月十日　第一刷発行

著　者　南陀楼綾繁（なんだろう・あやしげ）
発行者　山野浩一
発行所　株式会社　筑摩書房
東京都台東区蔵前二―五―三　〒一一一―八七五五
振替〇〇一六〇―八―四一二三
装幀者　安野光雅
印刷所　三松堂印刷株式会社
製本所　三松堂印刷株式会社

乱丁・落丁本の場合は、左記宛にご送付下さい。
送料小社負担でお取り替えいたします。
ご注文・お問い合わせも左記へお願いします。
筑摩書房サービスセンター
埼玉県さいたま市北区櫛引町二―六〇四　〒三三一―八五〇七
電話番号　〇四八―六五一―〇〇五三

ISBN978-4-480-43493-7　C0195